大美国学
战国策

季旭昇 总策划
公孙策 著

中央编译出版社
Central Compilation & Translation Press

京权图字 01-2023-0390 号

中文經典 100 句：戰國策
中文簡體字版©2023 由中央編譯出版社發行
本書經城邦文化事業股份有限公司商周出版事業部授權，
同意經由中央編譯出版社，出版中文簡體字版本。
非經書面同意，不得以任何形式任意重製、轉載。

图书在版编目（CIP）数据

战国策／公孙策著．—北京：中央编译出版社，
2023.7
（大美国学）
ISBN 978-7-5117-4274-2

Ⅰ．①战⋯　Ⅱ．①公⋯　Ⅲ．①《战国策》- 通俗读物
Ⅳ．①K231.04-49

中国版本图书馆 CIP 数据核字（2022）第 176662 号

战国策

责任编辑	苗永姝
责任印制	刘　慧
出版发行	中央编译出版社
地　　址	北京市海淀区北四环西路 69 号（100080）
电　　话	（010）55627391（总编室）　（010）55625179（编辑室）
	（010）55627320（发行部）　（010）55627377（新技术部）
经　　销	全国新华书店
印　　刷	佳兴达印刷（天津）有限公司
开　　本	880 毫米×1230 毫米　1/32
字　　数	219 千字
印　　张	10.5
插　　图	13
版　　次	2023 年 7 月第 1 版
印　　次	2023 年 7 月第 1 次印刷
定　　价	65.00 元

新浪微博：@中央编译出版社　　微　信：中央编译出版社（ID: cctphome）
淘宝店铺：中央编译出版社直销店（http://shop108367160.taobao.com）
　　　　　（010）55627331

本社常年法律顾问：北京市吴栾赵阎律师事务所律师　　闫军　　梁勤
凡有印装质量问题，本社负责调换，电话：（010）55626985

戰國策原序

劉向所定著戰國策三十三篇崇文總目稱十一篇者
闕臣訪之士大夫家始盡得其書正其誤謬而疑其不
可考者然後戰國策三十三篇復完敘曰向敘此書言
周之先明教化修法度所以大治及其後詐謀用而仁
義之路塞所以大亂其說既美矣卒以謂此書戰國之
謀士度時君之所能行不得不然則可謂惑於流俗而
不篤於自信者也夫孔孟之時去周之初已數百歲其

舊法已亡其舊俗已熄久矣二子乃獨明先王之道以為不可改者豈將強天下之主以後世之所不可為哉亦將因其所遇之時所遭之變而為當世之法使不失乎先王之意而已二帝三王之治其變固殊其法固異而其為國家天下之意本末先後未嘗不同也二子之道如是而已蓋法者所以適變也不必盡同道者所以立本也不可不一此理之不易者也故二子者守此以為異論哉能勿苟而已矣可謂不惑於流俗而篤

於自信者也戰國之游士則不然不知道之可信而樂
於說之易合其設心注意偷為一切之計而已故論詐
之便而諱其敗言戰之善而蔽其患其相率而為之者
莫不有利焉而不勝其害也有得焉而不勝其失也卒
至蘇秦商鞅孫臏吳起李斯之徒以亡其身而諸侯及
秦用之亦滅其國其為世之大禍明矣而俗猶莫之悟
也惟先王之道因時適變法不同而考之無疵用之無
弊故古之聖賢未有以此而易彼也或曰邪說之害正

也宜放而絕之則此書之不泯不泯其可乎對曰君子之禁邪說也固將明其說於天下使當世之人皆知其說之不可從然後以禁則齊使後世之人皆知其說之不可為然後以戒則明豈必滅其籍哉放而絕之莫善於是故孟子之書有為神農之言者有為墨子之言者皆著而非之至於此書之作則上繼春秋下至秦漢之起二百四五十年之間載其行事固不得而廢也此書有高誘注者二十一篇或曰三十二篇崇文總目存者

八篇今存者十篇云編校史館書籍臣曾鞏序

戰國策所載大抵皆從橫捭闔譎誑相輕傾奪之說也

其事淺陋不足道然而人讀之則必鄉其說之工而忘

其事之陋者文辭之勝移之而已且壽考安樂富貴尊

榮顯名愛好便利得意者天下之所欲也然激而射之

或將以致人之憂死亡憂患貧賤苦辱棄損亡利失意

者天下之所惡也然動而竭之或將以導人之樂至于

以下求高以小求大縱之以陽閉之以陰無非微妙難

知之情雖辯士抵掌而論之猶恐不白今寓之文字不過一二言語未必及而意已隱然見乎其中矣由是言之則為是說者非難而載是說者為不易得也嗚呼使秦漢而後復有為是說者必無能載之者矣雖然此豈獨人力哉蓋自堯舜夏商積制作以至於周而文物大備當其盛時朝廷宗廟之上蠻貊窮服之外其禮樂制度條施目設而威儀文章可著之簡冊者至三千數此聖人文章之實也及周道衰寢淫陵遲屬承之于是

大壞然其文章所從來既遠故根本雖伐而氣燄未易遽熄也于是浮而散之鍾于談舌而著於言語此莊周屈原孫武韓非商鞅與夫儀秦之徒所以雖不深祖吾聖人之道而所著書文辭駸駸乎上薄六經而下絕來世者豈數人之力也哉今戰國策宜有善本傳于世而舛錯不可疾讀意天之于至寶常不欲使人易得故余不復竄定而其完篇皆以丹圈其上云李格非序

戰國策三十三篇劉向為之序世久不傳治平初始得

錢塘顏氏印本讀之愛其文辭之辯博而字句脫誤尤失其真丁未歲予在京師因借館閣諸公家藏數本參校之蓋十正其六七凡諸本之不載者雖雜見於史記他書然不敢輒為改易仍從其舊蓋慎之也當戰國之時彊者務并吞弱者慮不能守天下方爭於戰勝攻取馳說之士因得以其說取合時君其要皆主於利言之合從連橫變詐百出然自春秋之後以迄于秦二百餘年興亡成敗之迹粗見於是矣雖非義理之所存而辯

麗橫肆亦文辭之最學者所不宜廢也會有求予本以開板者因以授之使廣其傳庶幾證前本之失云清源

王覺題

臣自元祐元年十二月入館即取曾鞏三次所校定本及蘇頌錢藻等不足本又借劉敞手校書肆印賣本祭攷此鞏所校補去是正凡三百五十四字八年再用諸本及集賢院新本校又得一伯九十六字共五伯五十籖遂為定本可以修寫黄本入秘閣集賢本寂脫漏然

亦間得一兩字癸酉歲臣朴校定

戰國策隋經籍志三十四卷劉向錄高誘注止二十一卷漢京兆尹延篤論一卷唐藝文志劉向所錄已闕二卷高誘注乃增十一卷延叔堅之論尚存今世所傳三十三卷崇文總目高誘注八篇今十篇第一第五闕前八卷後三十二三十三通有十篇武安君事在中山卷末不知所謂叔堅之論今他書時見一二舊本有未經曾南豐校定者舛誤尤不可讀南豐所校乃今所行都

下建陽刻本皆祖南豐玄有失得余頃於會稽得孫元

忠所校於其族子愨殊為踈略後再扣之復出一本有

元忠跋并標出錢劉諸公手校字比前本雖加詳然不

能無疑焉如用埊惡字皆武后字恐唐人傳寫相承如

此諸公校書改用此字殊所不解實革作唐史釋音釋

武后字內埊字云古字見戰國策不知何所據云然然

埊乃古地字又埊字見亢倉子鶡冠子或有自来至于

惡字亦豈出于古歟幽州僧行均韻訓詁以此二字皆

古文豈別有所見耶孫舊云五百五十籤數字雖過之然間有謬誤似非元書也括蒼所刊因舊無甚增損余萃諸本校定離次之總四百八十餘條太史公所採九十餘條其事異者止五六條太史公用字每篇間有異者或見於他書可以是正惡注于旁辨漿水之為潰水案字之為語助與夫不題校人并題續注者皆余所益也正文遺逸如司馬貞引馬犯謂周君徐廣引韓兵入西周李善引呂不韋言周三十七王歐陽詢引𥡴秦謂

元戎以鐵為矢史記正義竭石九門本有宮室以居春
秋後語武靈王游大陵夢處女鼓瑟之類略可見者如
此今本所無也至如張儀說惠王乃韓非初見秦屬憐
王引詩乃韓嬰外傳後人不可得而質矣先秦古書見
於世者無幾而余居窮鄉無書可檢閱訪春秋後語數
年方得之然不為無補尚覬博採老得定本無劉公之
遺恨紹興丙寅中秋剡川姚宏伯聲父題

目　录

序文　君子小人各有得焉　001

安身立命之策

贵其所以贵者贵
　　——认清权力本源之策　003

事有不可知者，有不可不知者；有不可忘者，有不可不忘者
　　——施恩不望报之策　006

无功不当封
　　——利害对照之策　009

鹬蚌相争，渔翁得利
　　——避免两败俱伤之策　012

鬼且不知也
　　——"西瓜偎小边"之策　015

蝼蚁得意焉
　　——固本舍末之策　018

毛羽未丰不可以高飞
　　——度德量力的智能　021

诽在己，誉在上

——重臣自保之策 024

其变不可胜数也

——鸡蛋不放同一篮子之策 027

前事不忘，后事之师

——辞官自保之策 030

狡兔三窟，高枕无忧

——三重保险之策 033

三战三胜而国危

——小国不可好战之说 036

俟河之清，人寿几何？

——以小事大策略之辩 039

立德立功立言

——三不朽之论辩 042

处事应对之策

言者异，则人心变

——以退为进的游说之策 047

普天之下，莫非王土；率土之滨，莫非王臣

——政治正确以脱罪之策 050

胜而不骄，约而不忿

——善始且能善终之策 053

前倨而后卑
　　——潜心研究而成大功之策　056

鸟集乌飞，兔兴马逝
　　——拉高难度以阻止事情发生之策　059

同欲者相憎，同忧者相亲
　　——加深对手阵营内部矛盾之策　062

一国三公，吾谁适从
　　——有见地无作为之鉴　066

美女破舌，美男破老
　　——排除敌国贤臣之策　070

转祸而为福，因败而为功
　　——化危机为转机之策　073

布衣之怒，流血五步
　　——赤脚拼穿鞋之策　076

以酒亡国，以色亡国
　　——借题发挥之策　079

以是为非，以非为是
　　——分化合纵之策　082

出君之口，入臣之耳
　　——密谋策反之策　085

计不决者名不成
　　——促使把握时机之策　088

凤凰于飞，五世其昌
　　——卜卦辞的后见之明　091

我能往，寇亦能往
　　——正面迎敌不躲避之策　094

名不可两立，行不可两全
　　——忠孝不能两全之叹　097

忠臣不事二君，贞女不更二夫
　　——以死唤醒人心之策　100

我无尔诈，尔无我虞
　　——坦诚签和约之策　103

父教子贰，何以事君
　　——临难不亏大节之论　106

人谁无过，过而能改，善莫大焉
　　——知过不改而招弑之鉴　110

有党必有雠
　　——广结善缘之策　114

皮之不存，毛将安傅
　　——忘恩负义的歪理　118

欲加之罪，其无辞乎
　　——认命伏诛之叹　122

朝不及夕，何以待君
　　——时机紧迫痛下决心之谏　125

匹夫无罪，怀璧其罪
    ——因贪而失国之鉴　128
人各有偶，齐大非偶
    ——小国依赖大国非福的避祸之策　131
多行不义必自毙
    ——纵欲养恶之策　134

领导统筹之策

一枭之不如，不胜五散
    ——授权下属之策　139
不为爵劝，不为禄勉
    ——君王好贤臣子尽忠之策　142
见可而进，知难而退
    ——三军一心共担责任之策　146
战胜于朝廷
    ——不战而称霸诸侯之策　150
君臣无礼，而上下无别
    ——礼遇重臣以免贰心之策　153
一鼓作气，再而衰，三而竭
    ——掌握气势消长之策　157
挟天子以令天下
    ——威镇天下之策　161

去邪无疑，任贤勿贰

　　——推心置腹之策　164

舌以柔存，齿以刚亡

　　——至柔胜至刚之理　167

末大必折，尾大不掉

　　——地方凌驾中央之鉴　170

人心之不同，如其面焉

　　——用人所长之论　173

众怒难犯，专欲难成

　　——情急当断即断之策　176

爱之如父母，仰之如日月，敬之如神明，畏之如雷霆

　　——君爱民、民事君之道　179

食指大动，染指于鼎

　　——君臣无仪而失国之鉴　182

师克在和不在众

　　——信心中有决心之策　185

善不可失，恶不可长

　　——敦睦邻国之道　188

经营管理之策

数战则民劳，久师则兵弊

　　——等待敌人累垮之策　193

积羽沉舟，众口铄金
　　——连横破合纵第一策　196

贵不与富期，而富至
　　——戒败亡于起始之策　199

尧无三夫之分，舜无咫尺之地
　　——合纵抗秦第一策　202

一而当十，十而当百
　　——善用地形险要之策　205

战胜无加，不胜则死
　　——最低风险、最高报酬之策　208

为名者攻其心，为实者攻其形
　　——明确战略之策　211

上不可则行其中，中不可则行其下
　　——战略周全之策　214

将欲取之，必姑与之
　　——骄敌之策　217

良商不与人争价
　　——隐忍待时之策　220

法古不足以制今
　　——变法革新之策　223

治大者不治小
　　——做大事不必太顾细节之道　226

十年生聚，十年教训

　　——除疾务尽之谏　229

祸福无门，唯人所召

　　——以利诱人从命之鉴　232

唯器与名，不可以假人

　　——不可破坏制度之论　235

耳不听五声之和为聋

　　——辨明亲疏敌我之道　238

天生民而树之君

　　——利民养民之道　241

春搜、夏苗、秋狝、冬狩

　　——顺应时序治国之道　244

施恩于穷士

　　——买进投机股之策　247

待人接物之策

凤凰不翔，麒麟不至

　　——将心比心的说服之策　253

人事已尽，鬼事未闻

　　——因人而异的游说之策　256

有实无名，有名无实

　　——激怒君王的险策　259

君子杀身以成名

　　——劝人功成身退之策　262

曾参杀人，慈母不能信

　　——预防谗言相害之策　265

三人成虎，十夫揉椎

　　——提醒众人相谗危机之策　268

赏必加于有功，刑必断于有罪

　　——冒死进言之策　271

耳不聪，目不明

　　——点醒国君听谏之策　274

弗知而言为不智，知而不言为不忠

　　——强调忠贞之策　277

一发不中，前功尽弃

　　——劝人见好就收之策　280

伯乐相马，身价十倍

　　——请托名人推荐之策　283

乌非乌，鹊非鹊

　　——指桑骂槐之策　286

交浅者不可以言深

　　——迂回进言之策　289

无妄之福，无妄之祸

　　——警告预防灾祸之策　292

食贵于玉，薪贵于桂
　　——摆高姿态拿跷之策　295

驱群羊而攻猛虎
　　——削弱对手斗志之策　298

请而不得，有悦色
　　——察见隐情的功力　301

以财交者，财尽而交绝
　　——加买保险之策　304

恶小耻者不能立荣名
　　——说服"光荣撤军"之策　307

苟无民，何以有君？
　　——劈头抢白之策　310

筚路蓝缕，以启山林
　　——顺意曲折之谏　313

风马牛不相及
　　——理不直气也壮之策　316

伯乐之知己
　　——捧人兼捧己之策　319

序文

君子小人各有得焉

公孙策

《战国策》的原作者不详，大抵是战国时代各国诸侯的史官纪录，直到西汉刘向将之整理成三十三卷，以国别为目录，定名为《战国策》。其内容，全都是时代的策士为个别诸侯国君、针对眼前问题的解决之策，由于当时国际形势复杂且多变，这些一时之计因而变化多端，堪称是一本"炒短线手册"——在面对难局、不知所措之时，且莫急着去算命卜卦，先翻一翻《战国策》，说不定有可以参考的策略。如果有了，那就应了本书"卜以决疑，不疑何卜"名句。

但既然是"短线"，就很可能会在日后，也就是中长线，出现后遗症。因此，刘向校订《战国策》的书录（功能同序、导读）就指出，"为之谋策者，不得不因势而为资，据时而为（看情况提意见）"，但他也肯定全书各策，"皆高才利士度时君之所能行，出奇策异智，转危为安、运亡为存，亦可喜，皆可观"。

后世校订本书者，如宋朝曾巩就说："其相率而为之者，莫不有利焉而不胜其害也，有得焉而不胜其失也。"元朝吴师道说："见其始利而终害，小得而大丧。"基本上，由于中国知识分子千百年来以儒家为主流，机关算尽的言论很容易就被卫道人士攻击，所以校订《战国策》的学者，写一两句评论正可以作为"自我防卫"，其中尺度最宽者也不过是"君子小人各有得焉"——这本书，君子和小人可以各取所需，所以，仍有其存在价值。不这样讲的话，说不定早就被某个当权保守派给"禁"了！

然而，这本"大美国学"的出版宗旨在"经典名句"而不在"策"，所以没有"道"的问题，但也因此而未录进一些很棒的"策"，例如甘罗十二岁为秦国出使燕、赵的故事，故事好、说得也好，可是其中却找不出一句经典名言，只得"割爱"。

又，选出来的名句，却未必是原故事的主旨或警句，因此，我为每一经典名句加了一个副标题，用以诠释"名句的故事"是"×××之策"，而"名句可以这样用"则对选出来的经典名句加一些注释或引申。

又，本系列在规划之初，就有"尽量避开四字成语"的默契，因此诸如"画蛇添足"、"惊弓之鸟"等成语，尽管原典故是很棒的故事，也未予选入。另外，本系列已出版的《史记》、《论语》中已选用的名句，也尽量不重复，例如"士为知己者死，女为悦己者容"等。

选择名句是写作过程中最困难的部分，每一个人对"经典"

的定义都不相同。我以个人的"中高标准"筛选之后，才选出了不到七十则——要选一百则好的故事或计策绝无问题，可是还得要有经典名句才行。在不甘"宁滥勿缺"的心情之下，我加入了《左传》和《说苑》中的名句故事。一方面，这两本都是记载春秋、战国时代的故事；再者，《左传》作者左丘明是比较"道貌岸然"那一型，多少可以减低《战国策》的"术气"。而《说苑》的作者也是刘向，这三本的故事放在一本书当中，并不觉突兀。

但由于《左传》侧重评论，与《战国策》专重计谋不同，因此，《左传》的名句副标题乃不再是"×××之策"，而有"×××之道"、"×××之论"、"×××之辩"等变化。

无论如何，希望本书对读者能有裨益，不管是为了学名句、看故事，还是读历史，都能"各有得焉"。

安身立命之策

贵其所以贵者贵

——认清权力本源之策

名句的诞生

谚曰:"贵其所以贵者贵[1]。"今王之爱习[2]公也,不如公孙郝;其知能[3]公也,不如甘茂;今二人者,皆不得亲[4]于事矣,而公独与王主断[5]于国者,彼有以[6]失之也。

——战国策·韩策

完全读懂名句

1. 贵:第一个"贵"是动词,尊重的意思;第二、三个"贵"是形容词,地位尊贵的意思。2. 爱习:爱而习之,宠信不衰的意思。3. 知能:信任其才能。4. 亲:亲自办理,用法同"亲政"之亲。5. 主断:决策。6. 以:原因。

俗话说:"尊重(珍重)自己为何而尊贵的人,就能长保尊贵。"秦王宠信阁下的程度,不如以前宠信公孙郝;秦王信任阁下的才能，不如以前对甘茂的授权；可是，如今此二人都不能再接近国家大事了。而阁下仍能参与秦王之决策，就是因为那二位有某些原因而失去权力了啊！

名句的故事

公孙郝与甘茂，一为近臣、一为大将，可是公孙郝与韩国交好，甘茂与魏国交好，因此失去了秦昭王的信任。

本策的主角是向寿，向寿是秦宣太后娘家的人，宣太后是楚王的女儿，嫁到秦国，因此，向寿有楚国血统，也因此楚国很努力拉拢向寿的关系，于是向寿的外交战略倾向联楚攻韩。

前述说词就是韩国宰相公仲派遣的说客对向寿陈明的道理——公孙郝、甘茂、向寿都是秦国重臣，韩、魏、楚，之所以尊重他们，都是因为他们在秦国握有权力。然而，臣子的权力来自国君信任，若因为某国示好（贿赂）而倾向该国，就会失去国君的信任，也就失去了权力，当然也失去了外国的尊重——不懂得珍惜自己之"所以贵"，就不"贵"了！

那位说客对向寿的建议是：向秦王建议联合韩国以防备楚国。由于楚国是向寿的"亲人"，韩国是向寿的"仇人"（向寿曾率军伐韩），此举将能得到秦王的信任。

历久弥新说名句

楚汉相争时,项羽的唯一军师是范增,尊称为"亚父"。有一次,项羽的使者到汉王刘邦军中,张良故意先以"太牢"(有表示尊崇的牛、猪、羊三牲)款待他,再假装弄错,说:"我还以为是亚父的使者,原来是项王的使者。"当场撤去太牢,换上次等餐饮!

使者回去报告项羽,项羽开始怀疑范增的忠诚度,最后,范增告老还乡,疽发背而死(死因不明不白)。

当然,这是张良的反间计成功,但运用的原理,则是破坏掉范增的"所以贵"。而范增一直以功高自居,也才让张良有可乘之机。

名句可以这样用

闽南谚语说:"只要根头企乎在,呒惊树顶做风台(只要树根站得稳,不怕树顶刮台风)。"守住安身立命的根头、本源,就不怕风雨来袭,反之则树大招风,根被拔起,树也完了!

战国策

事有不可知者，有不可不知者；
有不可忘者，有不可不忘者

——施恩不望报之策

名句的诞生

人之憎我也，不可不知也；吾憎人也，不可得而知也。人之有德于我也，不可忘也；吾有德于人也，不可不忘也。今君杀晋鄙、救邯郸、破秦人、存赵国，此大德也。今赵王自郊迎，卒然[1]见赵王，臣愿君之忘之也。

——战国策·魏策

完全读懂名句

1. 卒然：无意的，无准备的。此处做"若无其事的"解。

人有憎恨我者，不可不知道；我憎恶别人，不可长存于心中。人家有恩惠于我，不可以忘记；我有恩惠于人，不可以不忘记。阁下杀了晋鄙、救了邯郸，击败秦军，保全了赵国，这是对赵王的大恩德。如今，赵王亲自到郊外迎接阁下，我希望您能够忘掉对赵国的恩，若无其事地与赵王相见。

名句的故事

这是三晋（韩、赵、魏）合力抗秦的最后一场胜利。

秦国积极东进，韩国首当其冲，受伤最惨，韩国的上党是东进要道，已经被秦军孤立，韩国索性放弃，但上党军民拒绝降秦，于是赵孝成王"火中取栗"接收上党，正面与秦对抗。赵军不是秦军对手，长平一役被坑杀四十万人。隔年，首都邯郸被围，平原君率使节团赴楚国求援（"脱颖而出"、"毛遂自荐"成语出处），而魏安厘王和信陵君兄弟又是平原君的小舅子，于是魏国也派大将晋鄙率军援赵。

不料，秦国的使者出言恐吓安厘王，安厘王乃示意晋鄙按兵不动。信陵君偷得魏王的虎符，前往晋鄙军中，椎杀晋鄙，再率领魏军驰援邯郸。另一方面，平原君由楚国请来的援兵也由春申君黄歇率领赶到。一战之下，秦将郑安王投降，邯郸解危。

这就是信陵君对赵国的"大恩"。邯郸城围既解，赵孝成王亲至城郊迎接信陵君，此时，唐雎向信陵君说："事有不可知者，有不可不知者；有不可忘者，有不可不忘者。"并且做了前述的说明，信陵君"谨受教"——恭敬地接受建议。

历久弥新说名句

这个故事在《史记·魏公子列传》中更富戏剧性。赵王与平原君商议,要送五座城池给信陵君,信陵君听到消息,面露骄矜之色。于是"有人"提醒他"有德于人,不可不忘",信陵君乃以谦卑态度与赵王相见。

另一方面,魏王火大信陵君盗符杀将,因此信陵君不敢回魏国,在赵国待了十年。后来,秦军攻打魏国,信陵君才回魏"共赴国难",并以自己的国际声望邀来援兵,解除危机。

话说回来,若信陵君当初不降低姿态,又怎能在赵国一待十年?臣子功高震主都很危险,何况一位嚣张的"恩人"?

名句可以这样用

本策前两句用现代语言讲,叫做"防人之心不可无,害人之心不可有";后两句则是"有恩不忘报,施恩不望报"。

无功不当封

——利害对照之策

名句的诞生

太后嫁女诸侯,奉以千金,赍[1]地百里,以为人之终[2]也。今王愿封公子,百官持职[3],群臣效忠,曰:"公子无功不当封。"今王之以公子为质[4]也,且以[5]为公子功而封之也。而太后弗听,臣是以知人主之不爱丈夫子[6]独甚也。且太后与王幸而在,故公子贵;太后千秋[7]之后,王弃国家[8],而太子即位,公子贱于布衣。故非及太后与王封公子,则公子终身不封矣!

——战国策·燕策

完全读懂名句

1. 赍:音jī,赠与。2. 终:终身。3. 持职:谨守职分。4. 质:人质。5. 且以:即以,就是要以。6. 丈夫子:男子。7. 千秋:犹言"百年",千秋之后指逝世以后。8. 王弃国家:国君逝世。

（陈翠对太后说）太后将女儿嫁给诸侯，陪嫁千镒黄金、百里土地，为的是替她终身着想。如今大王想要封土地给幺子，百官群臣忠于职守提出："公子对国家没有功劳，不应当封爵。"因此，大王有意派公子去齐国做人质，目的就在让公子为国立功，然后才有封地的理由，可是太后您却不答应，我于是知道太后爱女儿、不爱儿子。况且，由于今天太后与大王都仍健在，公子才得以享有尊贵地位，一旦太后、大王都弃国家而去，届时太子即位，公子（新君的叔叔）恐怕还不如平民的地位（因为没有封邑甚且遭忌）。所以，不趁着太后和大王在位时让公子立功、封爵，搞不好公子终身没机会了！

名句的故事

　　燕国老臣陈翠为了巩固和齐国的邦交，建议把燕王哙的弟弟送到齐国当人质。燕王答应了，可是妈妈疼"细仔"（幺儿），就很火大陈翠。陈翠入宫晋见太后，说"太后只爱女儿，不爱儿子"，太后问何以见得，于是有前述论调。而太后听完这番话，立即吩咐小儿子准备车马行囊。

　　古时候，两国交战不杀来使，可是两国交战却第一个杀人质，以示盟约作废。因此，担任人质是一桩苦差事（因为远离尊贵的宫廷），更是一桩随时可能丢脑袋的差事。也因此，燕太后不答应幺儿去当人质。可是陈翠晓以未来的利害关系——无封邑则将沦为庶民，太后就听懂了。

历久弥新说名句

汉高祖刘邦在弭平异姓诸王叛乱之后,订下规矩,"非刘勿王,非有功不侯",以此奠定帝国的统治基础。但是,"非刘勿王"也意味着刘氏子孙无功也可以封王,后来酿成七国之乱;而且之后宦官也封侯,破坏了"无功不当封"的制度,汉帝国于是逐渐衰弱。

鹬蚌相争，渔翁得利
——避免两败俱伤之策

名句的诞生

（苏代谓赵惠王）今者臣来，过易水，蚌方出曝[1]，而鹬[2]啄其肉，蚌合而拑[3]其喙[4]。鹬曰："今日不雨，明日不雨，即有死蚌。"蚌亦谓鹬曰："今日不出[5]，明日不出，即有死鹬。"两者不肯相舍，渔者得而并[6]禽[7]之。今赵且[8]伐燕，燕赵久相支[9]，以弊[10]大众，臣恐强秦之为渔父[11]也。

——战国策·燕策

完全读懂名句

1. 曝：晒太阳。2. 鹬：水鸟名，嘴尖而长。3. 拑：同"箝"，夹住。4. 喙：鸟的嘴。5. 不出：不放出（鹬喙）。6. 并：同"并"或"并"，一齐、一同。7. 禽：同"擒"。8. 且：将要。9. 相支：相持不下。10. 弊：疲惫。11. 渔父：渔夫。

（赵国将要伐燕，苏代去游说赵惠王，）臣来赵国途中经过易水，看到一只蚌正在晒太阳，有一只鹬去啄蚌的肉，蚌用两片壳夹住鹬的喙。鹬说："今天不下雨，明天不下雨，就会有死蚌。"（蚌离水就活不久，你还是松口吧！）蚌则对鹬说："今天不放，明天不放，就会有死鹬。"双方都不肯放开，因此被渔翁将两者一并抓走。如今赵国将要攻打燕国，两国相持不下（实力相当），双方国力耗穷，我恐怕秦国坐收渔翁之利啊！

名句的故事

这个故事大家耳熟能详，可是年代与事迹皆不可考，而《战国策·燕策》中另有一个相似故事：

燕昭王时，燕国发生饥荒，赵惠王准备趁火打劫。这时，楚国派了一位将军出使燕国，路过魏国时，魏国将军赵恢建议他居间调停，这位楚将就去对赵王说："从前，吴国趁齐国饥荒而伐齐，前方还没打赢，后方却遭越国偷袭；如今大王想趁燕国饥荒而攻打燕国，恐怕强秦要重演越国的故事了。"赵惠王闻言，停止进攻计划，而燕昭王则重谢这位楚国使者。

历久弥新说名句

战国时代列国相攻，第三者坐收渔翁之利的故事不胜枚举，例如"二虎相斗，必有一伤"的故事，是看到二虎相斗，坐等结果而行动。又如本书"战胜无加，不胜则死"一篇，是按兵不动，让双方担心被揩油而罢兵。又如"鬼且不知也"一篇，是小国等待大国打出结果，再和战败一方结盟的生存之道。策略各有不同，但都是用一个"等"字诀。

名句可以这样用

了解"鹬蚌相争，渔翁得利"的道理，就不该轻启战端——一旦鹬喙已下啄，蚌壳也已闭合，那时候就收不回喽！

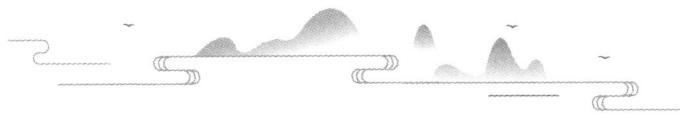

鬼且不知也

——"西瓜偎小边"之策

名句的诞生

张丏为齐见鲁君。鲁君曰："齐王惧乎？"曰："非臣所知也，臣来吊[1]足下。"鲁君曰："何吊？"曰："君之谋[2]过矣。君不与胜者而与不胜者，何故也？"鲁君曰："子以齐楚为孰胜哉？"对曰："鬼且不知也。"

——战国策·齐策

完全读懂名句

1. 吊：祭奠死者，或是慰问遭遇不幸的人。2. 谋：计议、筹划的意思。

张丏为齐威王游说鲁景公。景公问："齐王怕了吗？"张丏说："这我不知道，我此行是来向君王行吊的。"景公："吊什么？"张丏："国君的算盘打错了。国君不和胜利一方结盟，却和败方结盟，是何道理？"（意谓与败方结盟将致亡国。）景公："先生认为齐、楚哪一方会获胜？"张丐说："这件事连鬼也不知道。"

名句的故事

既然说"连鬼也不知道"，又凭什么说鲁景公"与败方结盟"？

实情是，楚国动员伐齐国，而鲁国派使节向楚王示好，齐威王为此烦恼。张丐向威王表示，他可以教鲁国采取中立。

张丐的立论是，齐、楚都是强国，而且比鲁国大很多，根本不在乎有没有鲁国的帮助，所以鲁国的最佳策略，是先维持中立以保全实力，然后在两个大国分出胜负且都损兵折将之后，联合战败一方，那时候才能收到最大效益。

所以，张丐的逻辑是曲线式的，要和战败一方结盟，结盟后就会成为胜方。重点则在于，鲁国的实力太弱，如果及早表态，只会成为大国的马前卒，必须等到两个大国的力量都削弱之后，才有举足轻重的分量。

同时，鲁国位居齐楚之间，若依附大国，难保不会重演"唇亡齿寒"成语典故的前车之鉴，只有在战后联合战败国，才是长保国土完整的上策。这是"西瓜偎大边"的逆思考，凡人都以为西瓜偎大边可以沾较多利益，但国君不能如此思考。

历久弥新说名句

三国时期的赤壁大战,诸葛亮为刘备订下的策略,就是联合孙权对付曹操,而且让东吴打主力,刘备则跟在后头"割稻仔尾",成功地拿到荆州这块根据地,之后才有力量取得四川,成鼎足三分之势,这也是"西瓜偎小边"之策。

名句可以这样用

《韩非子》中有一则故事,齐王问画工:"画什么最难?"答:"画犬马最难。"问:"画什么最易?"答:"画鬼最易。因为人都看过犬马,画不好很容易被看出来;但人都没看过鬼,因此可以随便画。"

所以,我们说人家乱讲一通是"鬼话连篇",而张丐说"鬼也不知道"是最佳托辞,将鲁景公的实质问题"哪一方会赢"轻松推卸后,就开始铺陈自己的论述,这是辩论技巧之一。

大美国学 战国策

蝼蚁得意焉

——固本舍末之策

名句的诞生

君不闻大鱼乎？网不能止，钩不能牵，荡而失水，则蝼蚁得意[1]焉。今夫齐，亦君之水也。君长有齐阴[2]，奚以薛为？失齐，虽隆薛之城到于天，犹之无益也。

——战国策·齐策

完全读懂名句

1. 得意：得以对其肆意欺凌。2. 阴：同"荫"，庇荫。

阁下没听说过大鱼的处境吗？（当它在水中时）鱼网抓它不住，鱼钩钓它不起，（可是一旦）不小心离开了水（搁浅在岸边），届时连蝼蛄和蚂蚁都可以欺负它。如今的齐国就好比阁下的水，只要阁下能长保齐王的庇荫，又何必需要薛？反之，万一失去齐王信任，阁下纵使将薛的城墙建筑得和天一样高，也保护不了你呀！

名句的故事

靖郭君田婴担任齐国宰相，齐威王将薛地赏给他当封邑。靖郭君想要在薛筑城，有一位宾客以上述比喻向他劝谏，于是靖郭君打消了筑城的念头。

这位宾客的寓意是，齐国才是"本"，薛只是"末"，劝靖郭君不要舍本逐末。这个比喻，后来果然应验。

齐威王去世，齐宣王继位，很多人对新王讲田婴的坏话，于是宣王罢免靖郭君的宰相职位，叫他回薛养老。

靖郭君门下一位宾客齐貌辨去见齐宣王，说："楚国宰相昭阳君要求，以数倍面积的土地与靖郭君交换薛地，但是靖郭君认为，薛是先王所赐之地，而不肯答应。"齐宣王因而再迎回靖郭君，请他再担任宰相，每三天都要向他请益一次。

历久弥新说名句

靖郭君的儿子田文就是孟尝君，继承了老爸的封邑，也当上了齐国宰相。

孟尝君有一次要派人去薛地收田租，他门下有食客三千人，其中一位冯谖，没事就慨叹"食无鱼"、"出无车"，孟尝君都满足了他，这次就派他去薛地收租。

冯谖到了薛，收到十万钱地租，却当众将所有租地契约书一把火烧了，孟尝君责问他，冯谖说："我是为阁下收买民心啊！"

后来，孟尝君不得志于齐，曾经到其他国家当宰相，最后再回到薛，称薛公，并且"中立于诸侯，无所属"，俨然是一个独立小诸侯。他之所以能够如此，就是因为有薛这个牢不可破的根据地——薛成了他的"本"，其他国家的宰相职位只是"末"了。当年冯谖烧租契，就是"固本"。

名句可以这样用

我们不常用到"蝼蚁得意焉"，但是常说"龙困浅滩遭虾戏"，意思一样。两句相较，"龙"比"大鱼"更有"由高处跌落"的感觉，"虾"也更鲜活，整句也比较口语化且易懂；但大鱼遭蝼蚁侵食，情景较为不堪。

毛羽未丰不可以高飞

——度德量力的智能

名句的诞生

秦王曰："寡人闻之，毛羽不丰者不可以高飞，文章[1]不成者不可以诛[2]罚，道德不厚者不可以使民，政教不顺者不可以烦大臣。今先生俨然不远千里而庭教之，愿以异日[3]。"

——战国策·秦策

完全读懂名句

1. 文章：此处指德行事功、礼乐法度。2. 诛：惩治，惩罚。3. 异日：他日，将来。

秦王说："寡人听说过：羽毛未丰满的鸟儿不可以高飞，法令未完备的国家不可以刑治，德政未普及的君王无法令人民心服，政策不明确的君主无法让大臣顺利行政。如今先生不远千里而来，郑重其事地登庭指教，（我很感谢，但是）我想还是以后再说吧！"

名句的故事

战国"第一策士"苏秦留名青史的功绩是"合纵抗秦"，其实他最初是去到秦国献"连横"之策，也就是这一幕。

当时的秦王是秦惠王，偏偏那时秦惠王刚刚诛杀了商鞅。秦国的内部形势是，才经过"商鞅变法"的大改革，虽然因为实施了新的制度而强盛，但是既得利益集团大反扑，也就是才经过一番剧烈政争，正在"阵痛期"。苏秦的献策因而未被采纳（十次上书都不成功），钱也花光了，回到家里，老婆不理他、嫂嫂不给他做饭、父母不跟他讲话，后来他发愤钻研《太公阴符经》，再度出发倡言合纵，终于"身佩六国相印"。

苏秦的口才是好的，只是时机不对；秦惠王也是有企图心的，只是时机不对。后来张仪向秦惠王献连横之策，就受到重用了。本故事的重点不在于苏秦、张仪之"策"，而在于秦惠王作为一国领袖，先求安定再图攘外的政治智能。

历久弥新说名句

汉高祖刘邦晚年宠爱戚夫人，曾经想要废掉太子，改立戚夫人所生的赵王刘如意，但因大臣们一再反对而未成功。

吕后见儿子的地位岌岌可危，就向张良求计。张良为吕后献策，用厚礼请出了"商山四皓"——这四位老者都已经八十多岁，学识品德受到关中人民敬仰，刘邦多次请他们出山都没有请动。

有一天，刘邦大宴群臣，看见太子的身后站着商山四皓。宴会结束，刘邦回到后宫对戚夫人说："太子羽翼已成，不能改立太子了。"

名句可以这样用

鸟类凭借羽翼而飞翔，君主凭借大臣以治国。刘邦发现，不但大臣心向太子，连隐居不肯出山的道德之士也愿意辅佐太子，太子的羽翼已经丰满。不是刘邦不能废太子，他若强行也没什么不可以，然而，自己好不容易打下来的江山，交给"羽翼已成"的太子，当然比交给"毛羽未丰"的赵王来得可靠，这是刘邦的智能。

诽在己，誉在上
—— 重臣自保之策

名句的诞生

谓周文君曰："国必有诽誉[1]，忠臣令诽在己，誉在上。……子罕释相为司空，民非[2]子罕而善其君。……管仲故为三归[3]之家，以掩桓公，非自伤于民也？"

——战国策·东周策

完全读懂名句

1. 诽誉：毁谤与称赞。2. 非：诋毁，以为不好。3. 三归：娶了三姓的女子。

有人对周文君说："国内的舆论必然有所诽谤、有所赞誉，一个忠臣总是会设法让诽谤加在自己身上，而让赞誉加诸国君。……宋国宰相子罕辞去宰相改任司空，宋国人民于是批评子罕而赞美宋平公。……齐国宰相管仲故意娶三妻九妾，以掩饰齐桓公（后宫七百佳丽）的过失，难道不是故意破坏自己在人民心目中的形象吗？"

名句的故事

东周国君当时已不称"王"而称"君"。周文君将宰相工师藉免职，改任命吕仓，国人不满意这项人事异动，因而有许多批评。周文君听到舆论之后，有意再改回来，于是吕仓的一位宾客就对周文君举了子罕与管仲的故事，以申明"大臣得誉非国家之福"，保住了吕仓的地位，也断了工师藉复出之路。

历久弥新说名句

大臣得人心为什么不是国家之福？因为帝王专制政权"朕即国家"，大臣声望太高"不是皇帝之福"。易言之，那位宾客所言深得忌刻君主之心，历史上血迹斑斑，多的是君王忌讳大臣而下杀手。而"诽在己，誉在上"就成了重臣自保之道。

汉高祖刘邦带兵在外平乱，多次派出使者查询相国萧何在干什么。事实上，萧何一如过去辅佐刘邦打天下时期，安定后方百姓，尽责供输军需。于是有宾客劝萧何："您快要面临灭族之祸了！您深得关中人心，反而会引起皇帝猜疑之心，您何不多买田产，污浊自己的名声呢？"萧何采纳了他的建议，于是让刘邦因而对他放心。

等到刘邦凯旋班师，关中老百姓拦路上书，控诉萧相国强行以低价买了数千万人民田宅。刘邦面带笑容将人民的陈情书通通交给萧何，说："你自己去向人民谢罪吧！"

萧何此时为民请命："长安可耕之地太少，皇家上林苑还有很多空地闲置，请拨发人民耕种。"刘邦闻言大怒："你一定是受了人家好处，才为他们请求我的林园！"将萧何下狱，之后又赦免萧何。

萧何的建言，其实是"做球"给刘邦收买人心，应属"诽在己，誉在上"的高段表现，偏偏遇到猜忌心极重的刘邦，还以为萧何是为他自己收买人心，差点惹来横祸。

名句可以这样用

为老板担过失、功劳皆归于老板，不仅是官场，职场上也很好用。然而，一般人稍有骨气者，"誉在上"比较容易做到，"诽在己"就比较困难一点。

其变不可胜数也

——鸡蛋不放同一篮子之策

名句的诞生

夫国之所以不可恃者多，其变[1]不可胜数[2]也。或以政教不脩[3]，上下不辑[4]，而不可恃者；或有诸侯邻国之虞，而不可恃者；或以年谷不登[5]，畜[6]积竭尽，而不可恃者。或化[7]于利，或比[8]于患，臣以此知国之不可必恃也。

——战国策·魏策

完全读懂名句

1. 变：变量。2. 胜：详尽。胜数：一一举列。3. 脩：同"修"。4. 辑：同"集"。不辑：不团结。5. 登：收获（农作）。6. 畜：同"蓄"。7. 化：转化。8. 比：接近，用法同"比附"、"朋比"之比。

盟国不可以完全依恃的理由很多，因为他国的变量难以一一列举。有的因为施政和教化（包括教育、司法、治安）搞不好，上下不团结，因此不可依恃它；有的因为外患而不可依恃它；有的因为凶年收成不好，国力衰竭（经济垮了）而不可依恃它。因此，依恃盟国虽然可能让我国的形势较为有利，但也可能因为"靠错边"而引致祸患。臣因此知道不可以完全依赖盟国。

名句的故事

魏安厘王和楚国的春申君要好，因为有楚这个强大的盟国，于是不买秦国的账，并且想要攻打韩国，反而迫使韩国靠向秦国。于是有人劝谏魏安厘王，并且举过去的例子说明。

曹国依恃齐国而轻视晋国，结果晋国趁齐国对外用兵时，灭了曹国；缯国依恃齐国而抗拒越国，齐国内乱，越国趁机灭了缯国；郑国依恃魏国而轻视韩国，韩国趁魏国北方边患而灭了郑国；原国依恃秦国而对晋国不礼貌，秦国有一年五谷歉收，晋国出兵灭了原国；中山国依恃齐、魏而不甩赵国，当齐、魏联军与楚国交战时，赵国灭了中山国。这五国之所以灭亡，都是因为把"所有的鸡蛋全放在同一个篮子里"（以盟国为唯一靠山），于是，当它们的靠山自顾不暇时，祸患就临头了。

历久弥新说名句

小国的策略是在大国的夹缝中求生存，小国的悲哀是被迫在夹缝中表态。其实，前述的五小国是被迫表态下的牺牲品，但魏国并不小，却一直想联合强国、欺凌弱国，那可是会惹火上身的！

历史上的宋朝是另一面镜子，它联合金国对抗辽国，又联合蒙古对抗金国，最后灭亡于蒙古元朝。所以，自己不求自强，只晓得援引强国，等到强国分出胜负，盟友也会成为敌人！

名句可以这样用

强盛的盟国尚有"不可胜数之变量"，小国若自己政教不修、朝野不团结、经济搞不好，不等盟国生变，自己就先垮了，那才是"其蠢不可胜数"哩！

前事不忘，后事之师

——辞官自保之策

名句的诞生

张孟谈对[1]曰："君之所言，成功之美[2]也，臣之所谓，持[3]国之道也。臣观成事[4]、闻往古，天下之美同，臣主之权均之而能美，未之有也。前事之不忘，后事之师。君若弗图，则臣力不足。"怆然[5]有决[6]色，襄子去[7]之。

——战国策·赵策

完全读懂名句

1. 对：居下位者回答上位者。2. 美：完美。3. 持：维持。4. 成事：过去的事例。用法同"成衣"、"成屋"之"成"。5. 怆然：神色悲戚。6. 决：同"诀"。7. 去：撤职。

张孟谈回奏（赵襄子）："主君说的是成功之后的完美结局，我说的是维持国家安定的道理。我熟读古时候的史实，知道天下事能有完美结局，必遵循一定的法则，而君臣分权却仍能完美，则从未发生过。记取过去的经验，可以作为未来的指导。主君若不接受我的请求，那是我未尽（劝谏之）责任。"他的神情悲戚而辞意甚坚，赵襄子只好答应他辞职。

名句的故事

张孟谈为赵襄子立下大功（故事见"出君之口，入臣之耳"）以后，对自己的功劳太大感到不安，就向赵襄子请辞。赵襄子当然不答应，对他说"功大者身（地位）尊"是应该的，只要忠诚为国就不必太多心。但张孟谈仍然坚持退隐，而且不要封邑，亲自在乡下耕田为生。

过了三年，韩、魏、齐、楚联合起来对付赵国，赵襄子遇到危机，赶快去请教张孟谈。这一次，张孟谈让赵襄子背着剑为张孟谈驾车，将他"迎"回京城，并且下令朝中大夫一律听命于张孟谈。

张孟谈复出执政，他的威名使得诸侯暂时不敢轻举妄动。然后，他把妻子送去楚国、长子送去韩国、次子送去魏国、幼子送去齐国当人质，这一招使得四国相互怀疑，原先的联盟也因此瓦解。

历久弥新说名句

功高震主是人臣最大的危机所在，尤其是当臣子辅佐的是一位猜忌心很重的君王时，随时都会有不测之威降临。

历史上有太多诛杀功臣的皇帝，当然就有更多至死不悟的冤死功臣，但也有很多像张孟谈这种懂得自保的机警角色。可以举几个例子，勾践杀文种，但范蠡就懂得带着西施远走从商；刘邦杀韩信，但张良就懂得修道求仙不食人间烟火；朱元璋杀得最多，徐达、蓝玉、李善长、胡惟庸，甚至沈万三，但刘伯温就懂得辞官还乡，每天只喝酒下棋，不问世事。

名句可以这样用

只有明白"伴君如伴虎"，并且晓得"狡兔死，走狗烹"，才能弃荣华富贵而长保身家性命，也才当得起"前事不忘，后事之师"。

狡兔三窟，高枕无忧

——三重保险之策

名句的诞生

冯谖[1]曰："狡兔有三窟，仅得免其死耳。今君有一窟，未得高枕而卧也，请为君复凿二窟。"……还报孟尝君曰："三窟已就，君姑高枕为乐矣。"孟尝君为相数十年，无纤介[2]之祸者，冯谖之计也。

——战国策·齐策

完全读懂名句

1. 冯谖：人名，《史记》作冯欢骥。2. 纤介：形容极其细微。

冯谖（对孟尝君）说："狡猾的兔子有三个（洞窟），才能免于一死（避开掠食者）。如今阁下只有一窟，还不能垫高枕头安心睡眠（灾祸还不能完全避免），我自愿为阁下再挖两个窟。"……（任务完成后）回报孟尝君："三窟已经都挖好了，阁下可以睡在高枕上享受安乐了。"

孟尝君又做了几十年宰相,完全没有受到丝毫灾祸,都是冯谖的计谋成功。

名句的故事

冯谖为孟尝君"市义"的故事,请参考"蝼蚁得意焉"一文。由于薛地老百姓感念孟尝君的恩德,所以,当孟尝君从齐国宰相的位子下台,回到封邑薛地时,受到老百姓热情欢迎,孟尝君这才体会到冯谖为他买回的"义"是什么,而冯谖继续向孟尝君献策再挖"二窟"。

冯谖去见梁(魏)惠王,说服梁惠王重金礼聘孟尝君去魏国担任宰相。齐愍王听说了,就派太傅带了黄金十斤、四马花车二辆、宝剑一把,再加一封信函,敦请孟尝君回朝担任宰相,这是第二"窟"。

冯谖再建议孟尝君,乘此机会向齐王争取,将先王的祭器移到薛地建立宗庙,如此则齐国将不会攻打薛,以免殃及宗庙,这是第三"窟"。

根据地盘人民支持,在危急时有地方可逃;外国欲挖角,可保国君礼遇;国家宗庙建在自己封邑中,以后即使国君换人,也不怕被攻打。有此三窟,才能长保高枕无忧。

历久弥新说名句

商鞅为秦孝公变法图强,不惜对太子的师傅动刑,得罪了"太子党"。后来孝公去世,太子即位为秦惠文王,下令治商鞅的罪。商鞅逃出国境,进入魏国,魏国对他记恨而不接纳,商鞅只好逃回封邑"商",带领家臣负隅顽抗,不敌被俘,惨遭车裂之刑。

商鞅只有"一窟",没有外国声援,也没有宗庙庇护,因而下场悲惨。商鞅比孟尝君大约早五六十年,冯谖很可能是汲取了这个历史借鉴,才向孟尝君献此良策。

名句可以这样用

新闻上常见"某要犯狡兔三窟,司法单位缉拿不得",用法没有错。但是逃犯毕竟不能高枕无忧,比起冯谖的布局,相差不可以道里计。为避祸而布置三窟,当然不及有了三窟而能"无纤介之祸"。

三战三胜而国危

——小国不可好战之说

名句的诞生

齐与鲁三战而鲁三胜，国以危，亡随其后，虽有胜名而有亡之实，是何故也？齐大而鲁小。秦赵战于河漳之上，再战而再胜秦；战于番吾之下，再战而再胜秦。四战之后，赵亡卒数十万，邯郸[1]仅存。虽有胜秦之名，而国破矣！是何故也？秦强而赵弱也。

——战国策·齐策

完全读懂名句

1. 邯郸：地名，在今河北省西南部，与河南省交界处。

齐国和鲁国交战三次，鲁国三次都战胜，但国家因而陷入危境，最后导致亡国。鲁国虽然拥有战胜的虚名，却得到亡国的命运，是什么道理？只因为齐国大而鲁国小。

秦国和赵国在漳水北边交战，赵国连赢两次战役；又在番吾南方交手，赵国又连赢两场。但是四场战役之后，赵国阵亡数十万军队，只能勉强保住都城邯郸而已，虽有战胜之名，国力却大幅削弱。这又是什么道理？因为秦国强而赵国弱啊！

名句的故事

这是张仪为秦王向诸侯游说"连横"过程中，对齐宣王的说服点。《战国策》此则之前一则，是苏秦游说齐王"合纵"，两者中间相差二十二年，齐王都是齐宣王，可是国际形势的消长却已起了很大变化。

苏秦游说"合纵"成功，张仪游说"连横"也成功，齐宣王称得上是一位有为国君，为何前后不一？原因就在于秦国持续强盛，而抗秦主力的赵国虽名将辈出，却因连年征战而国力大损。同时期，秦楚联姻交好，韩赵魏"三晋"也向秦割地求和，齐国虽然远在东方，宣王仍接受了张仪的游说，向秦国献地示好。

历久弥新说名句

又三十年之后，秦国攻打赵国。赵国当时已经穷于应付秦国的持续攻击，于是请苏子向秦王游说。苏子向秦王说："赵国已经国力耗尽，仅有保住邯郸之力而已，这样的国家，即使得到也不具长期利益。常言道：'战胜却反而使国家陷入危境，是由于战争不断而物力不停消耗。'所以,军事负担太重的话,对秦国并不有利。"

秦王采纳了他的意见,休兵二十九年。这中间,中原诸侯仍相互争战不休,最终给了秦国蚕食鲸吞的条件。

名句可以这样用

"战胜而国危"对好战的小国是苦口婆心,对于强国又何尝不然?对国家领导人更是无上警语。孟子说:"善战者服上刑,连诸侯(纠合结盟)者次之。"(《孟子·离娄上》)勇敢善战的名将和舌粲莲花的主战派,在以民为本的孟子眼中,是老百姓最大的罪人。因为,数十百年累积的经济成果,可以因为一场战争而化为灰烬,即使打胜仗,人民也惨了。

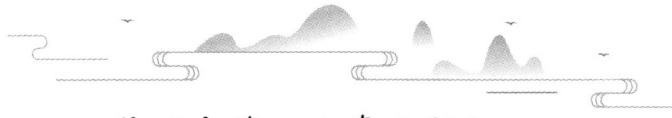

俟河之清，人寿几何？

——以小事大策略之辩

名句的诞生

楚子囊[1]伐郑，讨其侵蔡也。子驷、子国、子耳欲从楚，子孔、子蟜、子展[2]欲待晋。子驷曰："周诗有之曰：'俟河之清[3]，人寿几何？兆云询多[4]，职竞作罗[5]'，谋之多族[6]，民之多违[7]，事滋[8]无成，民急矣，姑从楚以纾吾民，晋师至，吾又从之。"

——左传·襄公八年（子展子驷议从楚）

完全读懂名句

1. 子囊：楚国令尹。2. 子驷、子国、子耳、子孔、子蟜、子展：此六人皆郑国公子，三人主张屈服于楚，而另三人主张等待晋军救援。3. 俟河之清：传言黄河五百年一清，届时将有圣人出世。4. 兆：占卜之结果。询：意见。兆云询多：占卜结果解释不一，各种意见又多。5. 职：原因。罗：罗网。职竟作罗：大家竟相彼此刁难是一事无成的原因。6. 谋之多族：郑国有影响力的宗族太多。7. 违：违背。人民各拥其主，必然相违背。8. 滋：益发。

楚国子囊率军攻郑，因为郑国侵犯蔡国（蔡国受楚国保护，郑受晋保护）。郑国公子分成二派，一派主张向楚屈服，一派主张坚守以等待晋军来援。子驷（主张屈服）说："周诗有四句，意为：'要想等待黄河清、圣人出，人的寿命有多长呢？占卜的解释和各种意见纷杂不一，大家又彼此刁难。'郑国的宗族世家太多，人民各拥其主，互相违背，事情就益发不能决断。现在人民的生命危急，不如姑且向楚国表示顺服，以纾解危机，等晋军到来，我们再归顺晋军。"

名句的故事

子驷的"小国之道"是：准备好财帛礼物在两个大国的边境，看哪一方比较优势，就"西瓜偎大边"，只要不危害人民就好。

子展的"以小事大之道"是：要守信用，郑国和晋国曾经五度会盟，如果"小国无信"，就会"兵乱日至，亡无日矣"。

郑穆公拿不定主意，在两人相继发言之后，派子驷去和楚国和解，派大夫伯骈去向晋国报告"不得不和"的苦衷。但是晋国并不体谅，隔年，晋国进攻郑国。

历久弥新说名句

两大之间难为小,作为两个超强夹缝中的小国,表态则有一方不高兴,不表态则两方都会得罪,但是更糟的决策是忽左忽右——墙头草和西瓜偎大边都只会招来更多战乱(兵乱日至)。

尤其,郑国这一次的危机是自找的。子国和子耳率军侵犯蔡国,以讨好晋国,等到楚军来攻,主张顺服的也是他们!

郑国在春秋初期一度强盛,但是小国而好战必引致衰弱,以后依附大国又忽晋忽楚,连年战争的结果,终不免于亡国。

名句可以这样用

人寿等不到河清,小国等不到援军。可是若自己去招惹凶神恶煞,寿命又能维持多久呢?同理,小国好战又岂能维持国祚?

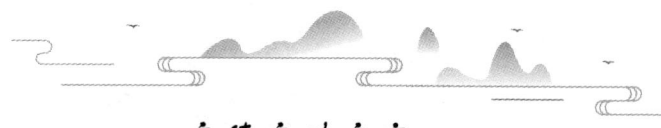

立德立功立言

——三不朽之论辩

名句的诞生

豹[1]闻之,大上[2]有立德,其次有立功,其次有立言。虽久不废,此之谓不朽。若夫保姓受氏[3],以守宗祊[4],世不绝祀,无国无之。禄之大者,不可谓不朽。

——左传·襄公二十四年(叔孙豹论三不朽)

完全读懂名句

1. 豹:叔孙豹,鲁国大夫。2. 大上:至高无上。3. 受氏:承继祖先姓氏。4. 祊:庙门。

(叔孙豹说)我所知道的是:至高无上者,仁德及于后世;其次是功绩及于后世;再其次是学说传及后世。即使人死了,他的德泽、功业、学问仍然影响久远,这才称得上是"不朽"。如果只是承继了祖先的姓氏,保住宗庙香火世世不绝,哪个国家没有这种世族？所以说，官做得大，宗族显耀，称不上是"不朽"。

名句的故事

叔孙豹出使晋国，晋国大夫范宣子问他："古人有所谓'死而不朽'，是什么意思？"叔孙豹还来不及回答，范宣子接着就说："我的祖先，在舜之前是陶唐氏，在夏朝是御龙氏，在商朝是豕韦氏，在周朝是唐杜氏，如今晋国为中原盟主，我的家族是范氏。像我们家族这样代代显赫，可以称得上不朽了吧！"

范宣子向叔孙豹炫耀家世，有其心理因素。鲁国因为是周公的后代，一向以周礼继承人自居，常有诸侯国君向鲁国"问礼"，也就是鲁国有"解释礼法"的特权。

晋国当时是诸侯盟主，已经不把周天子放在眼里，范宣子是晋国六卿之一，当然不把周公后代放在眼里，于是有如此言论——孰料却碰了一鼻子灰，自取其辱。

历久弥新说名句

"三不朽"立德、立功、立言，有其中之一，就足以流芳百世了，史上很少有人三者俱备。

清朝中兴名臣曾国藩死了以后，有一副对联，称他："立德立功立言三不朽，为师为将为相一完人。"曾国藩的确在三方面都有他的成就，当得起这份赞誉。

南北朝时，北方有一个胡夏国，皇帝是赫连勃勃，暴虐无常。文武官员胆敢侧眼看他，凿出眼珠；随便发笑，割开嘴唇；进言劝谏，转下人头。

胡夏后来亡于北魏，北魏武帝拓跋焘攻陷胡夏首都统万城后，看到一方碑文，对赫连勃勃歌功颂德，达到令人恶心的程度，大怒，要追究是哪个马屁精写的。（此事后来不了了之。）

这是无德、无功，却企图将文字刻在石碑上以求"不朽"的极端负面示范。

名句可以这样用

歌功颂德可以，但必须真的有立功、立德，否则再漂亮的马屁文章，也无法立言，更不必提"死而不朽"了。

处事应对之策

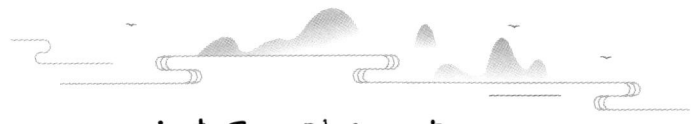

言者异，则人心变
——以退为进的游说之策

名句的诞生

故其言一也，言者异，则人心变[1]矣。今臣新[2]从秦来，而言勿与，则非计[3]也；言与之，则恐王以臣之为秦也，故不敢对。使臣得为王计之，不如予之。

——战国策·赵策

完全读懂名句

1. 人心变：随发言者身份、立场不同，而听者接收到的讯息也不同。2. 新：刚刚。3. 计：谋划。非计：不是好的建议。

因此，说出来的话语内容虽然一样，却因发言者的身份、立场不同，而听者接收到的讯息随之不同。如今，臣刚从秦国回来，如果我说不给（秦国六城），那不是好的建议；如果说给他，又怕大王误会我倾向秦国，所以我不敢回答。如果一定要我说，我认为应该给他。

名句的故事

战国时代重要战役之一的"长平之役",秦军大破赵军,坑杀赵卒四十万人,然后引兵而归,向赵国索取六座城池,以为媾和条件。

赵孝成王征询大夫楼缓的意见,楼缓回避不答,赵王非要他表示意见,楼缓就说了一个故事:公甫文伯在鲁国做官,生病过世,家中妻妾有十六人为他自杀,但是他的母亲接到消息却不哭。有人问:"哪有儿子死了却不哭的母亲呢?"母亲说:"孔子被鲁国放逐时,这小子(指文伯)不追随贤人,如今死了,却有十六位妇女为他自杀。这小子想必是对长者薄而待女子厚吧!"

楼缓的引申是:上述同一番话,出自母亲之口,是一位圣母;但若出自妻妾之口,就是妒妇(嫉妒有十六人为他自杀)。所以,言者异,而人心变矣!

事实上,楼缓正是"亲秦派",只不过耍了一记"以退为进"手法,先消除赵王对他的疑虑。

之后,赵王反复征询楼缓与虞卿(亲齐派)的意见,形同一场没有面对面的辩论。最后,孝成王采纳了虞卿的意见,答应割五座城给齐国,结成同盟,并力抗秦。于是派虞卿出使齐国,而秦国使节很快就到了赵国(赶紧拉拢),楼缓则逃到秦国。

历久弥新说名句

楼缓和虞卿的辩论，正是一场小国对强邻的政策路线经典辩论。

虞卿基本上认为，秦军虽大胜，但已经气力放尽，才会收兵撤围。若再割给他六城，正是"资敌"，而且中了秦国"假讲和、真休养"之计，明年一定会再来进攻。所以必须尽快与齐国结盟才是正途。

楼缓则认为，以前秦晋交好，如今韩赵魏三家分晋以后，秦国与韩、魏和好，却只攻赵，是因为赵国的"善意"比不上韩、魏，长此以往，赵国必败无疑。所以应该与秦国讲和，缔结和平条约（割地）。

两人都对、都不对。秦晋交好是因为两个大国相匹敌，三晋受秦威胁是因为不团结、被分化。如果韩赵魏攻守同盟、三家一心，齐、楚自然加入"合纵"阵营，秦国自然来示好。如果都得靠割地求援，即使度得过今天，也度不过明天。

普天之下，莫非王土；率土之滨，莫非王臣

——政治正确以脱罪之策

名句的诞生

臣少而诵《诗[1]》，诗曰："普天之下，莫非王土；率土之滨[2]，莫非王臣。"今周君[3]天下，则我天子之臣，而又为客哉？故曰主人。

——战国策·东周策

完全读懂名句

1. 诗：《诗经》。2. 率：自。滨：海边。率土之滨：古人相信"神州"四周皆大海，率土之滨犹言"四海之内"，自外包内的全部土地。3. 君：动词，同"君临天下"之义。

我自幼熟读《诗经》，《诗经》中说："全天下都是天子的土

地，国境之内都是天子的臣民。"如今周天子君临天下，那我当然是天子的臣民，怎能说是客人（外人）呢？所以说我是主人。

名句的故事

事实上，当时周王室不但已经不能君临天下，甚至内部分裂成东周与西周，改称"周君"而不再是"周天子"。一位温城（西周境内）人去到东周，被逮捕，问他是否"客人"，他自称主人，并且提出前述说法，正中东周君仍然幻想"君临天下"的心坎，于是被释放了。

历久弥新说名句

没有君临天下的实力，却妄想君临天下，这种人常常见到，而且最喜欢别人给他戴高帽子。

五代十国是个分裂年代，割据一方却称孤道寡者比比皆是。有一位当代高僧贯休历游各国，观察比较各国君主（军阀），他听说吴越王钱镠喜欢下围棋，就献了一首诗，请求晋见并对弈一局，诗中有二句："满堂绮丽三千客，一剑霜寒十四州。"钱镠看了很喜欢，却传旨要贯休将诗句中"十四州"改为"四十州"，然后才准他晋见、对弈。

贯休对来人说："州难添，诗亦难改。我闲云野鹤，何天不可飞？"最后贯休到了四川，受到蜀王王建的礼遇。

钱镠就是幻想君临天下的典型，自己只有十四州，诗句改成"四十州"听听也过瘾。这和那位"温人"口称周天子，就能免于"非法入境"之罪，是同一道理——拍马屁就是政治正确。

名句可以这样用

"普天之下，莫非王土；率土之滨，莫非王臣"一直被用做讴歌专制君王之辞。但是，《诗经·北山》的原意却是一种民怨：

"全天下都是君王的土地，土地上都是君王的臣民，但是执政大夫不公平，唯独我特别辛苦……有的人在家中床上休息，有的人却奔走不停；有的人饮酒享乐，有的人辛苦终日还担心获罪……"

天下事不患寡而患不均，施政不公平却期待四海归心，而且只爱听政治正确（多数是马屁）的言论，那岂不是缘木求鱼？

胜而不骄，约而不忿

——善始且能善终之策

名句的诞生

臣窃惑王之轻齐易楚[1]而卑畜[2]韩也。臣闻，王兵[3]胜而不骄，伯主[4]约[5]而不忿。胜而不骄，故能服世；约而不忿，故能从邻[6]。今王广德魏、赵而轻失齐，骄也；战胜宜阳，不恤楚交，忿也。骄忿非伯主之业也，臣窃为大王虑之而不取[7]也。

——战国策·秦策

完全读懂名句

1. 轻、易：皆"轻忽"之意。2. 卑畜：视同奴仆。3. 王兵：王者之军队。4. 伯：同"霸"。伯主：霸者之国君。5. 约：战败。6. 从邻：睦邻。7. 不取：不赞成，不认同。

臣私下对大王"轻忽齐、楚而欺侮韩"的策略感到不解。俗话说，只有王者的军队能够战胜而不骄傲，只有霸主能战败而不恼怒。胜而不骄才能让世人服气；败而不恼怒才能与邻国和睦交往。如今大王看重魏、赵而轻视齐国，就是骄傲的表现；在宜阳（韩）战役胜利之后，就不愿对楚外交，是恼怒的表现。骄傲和恼怒都不能建立霸业，我私下为大王忧虑而无法认同这种做法。

名句的故事

这一则故事是"有人对秦王说"。说的人是谁？一说是孟子的学生，一说是楚春申君黄歇；说的对象是谁？秦武王、秦昭王、秦始皇，都各有说法。

其实，考据并不重要，因为战国的形势虽然天天在变，但是秦国的战略基本上没有太大变化，几乎每一位秦王都会有一段期间面对类似情况。

重点在于"策"的道理：一时的得失对霸主之业的影响小，而国君的心态才是决定因素。《战国策》中相似的三"策"都举了吴王夫差的例子，他最初将越王勾践围困在会稽山，之后在艾陵战胜齐国，在黄池大会诸侯（担任盟主），可是最终被越王勾践俘虏并杀死。其原因都在于"善始而不慎终"，好比下围棋，布局和中盘占了优势，若因此而起了骄敌和轻敌之心，会在官子阶段输掉。尤其若因一着下错而懊恼，不能收慑心神，思考反击之法，终将"一着错，满盘输"。

历久弥新说名句

唐代诗人杜牧《咏乌江亭》:"胜败兵家事不期,包羞忍耻是男儿;江东子弟多才俊,卷土重来未可知。"道破项羽为何败给刘邦的关键,项羽因"未尝败绩"而生骄敌、轻敌之心,又因一战之败(垓下)不能忍而自刎,其实输在 EQ 太低!

名句可以这样用

我们今日多用"胜不骄,败不馁"期许运动精神。但若比较"败不馁"与"约而不忿",失败了不气馁固然可佩,但输了一次而能够忍住恼怒,不做孤注一掷的反扑(输了,就全军覆没),则是"留得青山在,不怕没柴烧"的高 EQ 表现。

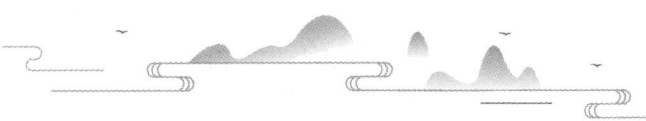

前倨而后卑
——潜心研究而成大功之策

> **名句的诞生**
>
> 苏秦曰:"嫂,何前倨[1]而后卑[2]也?"嫂曰:"以季子[3]之位尊而多金。"苏秦曰:"嗟乎!贫穷则父母不子,富贵则亲戚畏惧。人生世上,势位富贵,盖可忽乎哉!"
>
> ——战国策·秦策

完全读懂名句

1. 倨:傲慢。2. 卑:谦恭,自甘于下。3. 季子:弟弟。

苏秦说:"嫂嫂,为何以前对我态度傲慢,而今天却谦恭有礼?"嫂嫂说:"因为弟弟你如今地位崇高且有钱啊!"

苏秦说:"唉!人贫穷时,连父母都不把他当儿子;人富贵时,所有亲戚都对他敬畏有加。可见人活在世间,权势、地位、富贵,怎么能够轻忽呢?"(怎么可以不追求权势、地位、富贵?)

名句的故事

战国时代第一名的纵横家苏秦，最初前往秦国求发展，上书秦惠王十次，都未获下文。黑貂皮的大衣也穿坏了，黄金百斤的资金也耗尽了（游说诸侯必须花钱打通门路），穿着草鞋、挑着行囊，形容枯槁地回家。

回到家里，妻子继续织布不理他，嫂嫂不给做饭，连父母亲都不跟他说话。于是他立志发愤，从书箱中找出《太公阴符经》，潜心研究一年后，再出发游说诸侯，终于身佩六国相印。

这一次顺道回家，父母亲赶紧为他清理房间、打扫道路，雇用乐队、备妥酒席，到三十里外迎接；妻子对他侧目而视（不敢正眼看）、侧耳而听；嫂嫂匍匐跪拜请罪。于是有前述之对话。

历久弥新说名句

明太祖朱元璋在和方国珍作战期间，一次路过浙江括苍山清风寺，入寺讨一碗山泉水喝，庙里住持见来人相貌不凡，一再请教姓名，朱元璋不耐烦，在墙壁上写了四句诗："杀尽江南百万兵，腰间宝剑血犹腥；山僧不识英雄主，兀自哓哓问姓名。"写完，扔下笔就走。

庙里和尚也火大朱元璋无礼，用水将墙上诗句洗去。孰料，三个月后，朱元璋平定方国珍班师，刻意回到清风寺，这下子寺里和尚慌了，住持急中生智，在原题诗处旁边写了四句诗。等到朱元璋去看时，只见那四句是："御笔题诗不敢留，留后深怕鬼神愁；故将法水轻轻洗，犹有神光射斗牛。"朱元璋见诗，龙心大悦，赐字改寺名为"黄龙寺"。

寺僧"前倨"是因为不认识朱元璋，胆敢洗掉是一时火大，且天下鹿死谁手尚未知，等到朱元璋再来，赶紧补四句"后恭"，才免了杀身之祸。

名句可以这样用

我们现在多用"前倨后恭"来形容一个人的态度由傲慢到谦恭，前后一百八十度转变。而苏秦最后的感叹，又可作为"大丈夫不可一日无权"的典故。同时，正因为人情冷暖如此，多少可体会那些恋栈权位人的心情。（体会但并不谅解！）

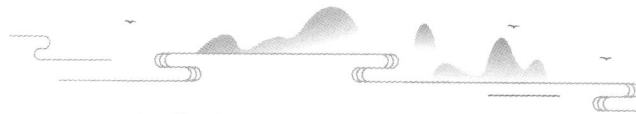

鸟集乌飞，兔兴马逝

——拉高难度以阻止事情发生之策

名句的诞生

夫鼎者，非效醯壶酱甀[1]耳，可怀挟提挈[2]以至齐者；非效鸟集乌飞，兔兴马逝[3]，漓然[4]可至于齐者。昔周之代殷，得九鼎，凡一鼎而九万人挽[5]之，九九八十一万人，士卒师徒，器械被具，所以备者称[6]此。今大王纵有其人，何涂[7]之从而出？

——战国策·东周策

完全读懂名句

1. 醯：音xī，醋。甀：音bù，罐。醯壶酱甀：醋瓶子与酱罐子。2. 怀挟提挈：揣在怀中、拎在手中。3. 兴：窜出。逝：疾驰而过。兔兴马逝：如兔子窜出、马匹奔驰般快速。4. 漓然：形容通畅无阻的样子。5. 挽：拉。6. 称：用法同"相称"之称，意指诸事齐备才搬得动九鼎。7. 涂：同"途"，路径。

鼎这东西，不是像醋瓶子、酱罐子那样，可以揣在怀中、拎在手中，轻易带到齐国；也不像群鸟聚集、乌鸦飞翔，或兔子急窜、骏马飞奔那样，可以迅速直达齐国。当年周朝取代商朝，获得九鼎，（由朝歌搬到镐京）一个鼎得动用九万工人来拉，九个鼎得动员八十一万人，外加必要的工具和后勤补给，才能搬运九鼎。如今大王即使有这个人力、物力，还有一个问题：该走哪一条路到达齐国？

名句的故事

秦国派出军队向周赧王索取九鼎，周大夫颜率向齐威王求援，说："九鼎与其给秦，不如给齐。"于是齐国发兵五万人，解了周天子之围。事后，齐国向周天子要求九鼎，颜率这回对齐威王说了前述那一番话，并指出："魏国、楚国都想要九鼎，若经过这二国，将不可能再到达齐国了。"

齐威王说："阁下来了两次，其实根本没诚意嘛！"颜率说："我不敢欺骗大国，请大王尽速决定搬运路径，九鼎随时待命。"

历久弥新说名句

楚庄王讨伐戎族之后，将大军开到周天子的王畿附近耀武扬威。周定王派大夫王孙满去劳军，楚庄王问王孙满，九鼎的大小轻重（也就是衡量需多少人力搬运，有示威之意）。王孙满回答：

"掌握天下，重点'在德不在鼎'，大禹铸九鼎是承天命，他的子孙夏桀失德，九鼎就到了商的手中，商纣失德，九鼎又到周的手中。所以，九鼎的轻重，不是你可以问的。"

春秋时，周王室已经中衰，但楚庄王仍只敢迂回"问鼎"；到了战国，秦王根本是大军压境索取，齐王则是催促"讨债"，周王室则沦落到只敢"赖账"，不敢直接回绝矣！

名句可以这样用

现代人愈来愈少以动物来比喻速度，因为机械力比兽力更快、更强。但"问鼎"仍然是争取政权的代号，而"在德不在鼎"也仍是至理名言。

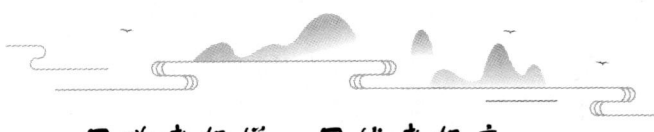

同欲者相憎，同忧者相亲
——加深对手阵营内部矛盾之策

名句的诞生

张登曰："今君召中山[1]，与之遇[2]而许之王，中山必喜而绝[3]赵、魏。赵、魏怒而攻中山，中山急而为君难其王，则中山必恐，为君废王事齐。"张丑曰："不可。臣闻之，同欲者相憎，同忧者相亲。今五国相与王也，负海[4]不与焉。此是欲皆在为王，而忧在负海。……致中山而塞[5]四国，四国寒心，必先与之王而故亲之，是君临[6]中山而失四国也。"

——战国策·中山策

完全读懂名句

1. 中山：春秋战国诸侯之一。2. 遇：礼遇。3. 绝：断绝往来。4. 负：背靠。负海：齐国背大海而向中原，故自称负海。这是当时战略思考下产生的名词。5. 塞：隔离。6. 临：上对下。

张登对齐国宰相田婴说："阁下将中山君请来，礼遇之，并答应承认他为王，中山国必定欢喜而与赵、魏断交。赵、魏火大而攻击中山，中山君晓得阁下本来就不愿他称王，将因此自动废掉王号，而向齐国靠拢。"张丑说："此计不通。常言道：欲望相同的人互相憎恨，忧患相同的人互相亲近。如今五国一同称王，而齐国未参与。他们共同的欲望是称王（理当相憎才对），而共同的忧患是齐国（因此才联合）。……单独召见中山而撇开另四国，将使四国为之心寒，一定会先支持中山君称王，并且刻意与中山国亲近。这样将使阁下因为让中山国臣服，反而加深了与四国的嫌隙。"

名句的故事

这个故事的时代背景是有名的"五国相王"：魏、赵、燕、韩、中山五国一齐相互承认对方的"王号"。

西周时，只有周天子可以称王，周室东迁之后，王室式微，而诸侯的国势也发生了很大的消长，最初周武王（周公）所封的公、侯、伯、子、男五等爵位，完全不能和几番消长后的国力相称。南方的子爵之国楚国最先在春秋时称"王"，因而被中原诸侯视为僭越。进入战国时代，魏（梁）惠王最先和齐威王互相承认对方王号，之后秦惠王、韩宣王先后称王。本故事是魏国大将犀首邀约五国建立"合纵"之盟，以对抗秦、齐的"连横"，同时互相承认。

秦、齐一在西、一在东，故称"连横"，中间的五国乃称"合纵"，但力量相对弱。因此，后来的合纵盟约非联合南方强国楚不能成功。

齐王不乐见五国称王（同欲相憎），于是就其中最弱小的中山国，而对赵、魏说："寡人羞与中山并列为王，我们一同灭了中山国吧！"中山君大为恐慌，就派张登去游说齐国宰相田婴（即靖郭君，孟尝君之父）。田婴的家臣张丑对张登的说辞提出反对看法，可是田婴仍然采纳了张登的建议，答应中山君称王。

张登于是再往赵、魏游说："齐王原本羞与中山并列，如今却将答应中山称王，必然是想要中山为他打先锋，贵二国何不抢先承认中山王？"果然，赵、魏先承认中山王，而中山国遂加入"合纵国"，对抗秦、齐"连横"。

历久弥新说名句

三国时，刘备得了益州与汉中，自己封为"汉中王"。当时的情况已是天下三分，但汉天子仍在，曹操挟天子以令诸侯的战略事实上已完成阶段性任务，可是曹操自诩为周公，不想篡位，但对刘备称王大为"憎恶"。同样的道理，孙权的心里也是痒痒的，但却没胆子称王（同欲相憎）。

于是，曹操假天子之诏，要求孙权出兵讨伐僭越称王的刘备。但是，孙权心底明白，东吴和蜀汉得以生存，全靠两家合作抵抗曹魏（同忧相亲），所以虚辞敷衍曹操，答应"配合出兵"，由曹操先派兵攻打襄樊。结果，曹军被关羽"水淹七军"，孙权暗叫："好险，没中计！"

名句可以这样用

"同欲相憎"是对手阵营内部矛盾的本质，可是若另有一方趁机插手其间，或见缝插针被识破，原本敌对的双方反而会转为"同忧相亲"。国际间的合纵连横，经常就在相憎与相亲之间，变化摆荡。

一国三公，吾谁适从

——有见地无作为之鉴

名句的诞生

晋侯[1]使士蒍[2]为二公子筑蒲与屈，不慎[3]，寘薪[4]焉。夷吾[5]诉之，公使让[6]之。士蒍稽首而对曰："……君其修德而固宗子[7]，何城如[8]之？三年将寻师[9]焉，焉用慎？"退而赋曰："一国三公，吾谁适从[10]？"

——左传·僖公五年（士蒍筑城不慎）

完全读懂名句

1. 晋侯：晋献公。2. 士蒍：人名，晋国大夫。3. 慎：坚固。不慎：不坚固。4. 寘：音至，zhì 填。寘薪：古时筑城用土，添加少量树枝以为筋，士蒍筑城加了过多的薪材，所以城墙不坚固。5. 夷吾：晋献公第三子。6. 让：责备。使让：派使节谴责。7. 宗子：嫡生儿子。8. 如：比。如之：比得上。9. 寻师：兴师，出动军队。10. 适：音 dí，遵循。

晋献公派士蒍修筑蒲城让次子重耳（晋文公）驻守、修筑屈城让三子夷吾（晋惠公）驻守。所筑之城都加了太多的薪枝而不坚固。公子夷吾向老爸告状，晋献公派使节谴责士蒍。士蒍向使节一百八十度鞠躬，说："……国君应当施行德政以保障亲生儿子，又有什么城墙比德政更坚固呢？三年后就要兴师讨伐这二城了，又何必筑得太坚固？"回到居处感慨赋诗，意为："国君和儿子不和，犹一国三公，政出多门，我该听谁的呢？"（筑城不坚，得罪公子；筑城太坚，将来国君会不高兴。）

名句的故事

晋献公宠爱骊姬，生子奚齐，想要改立奚齐为太子，于是先派太子申生去驻守曲沃。士蒍当时就看出来，申生最终将不可能继承大位。但是他只有对人说："太子不如逃亡他国吧！效法吴太伯让位给小弟弟。"却并未向献公进谏，也未向太子进言。

等到晋献公杀了太子申生，又命令士蒍去修筑蒲、屈二城，他揣摩上意（晋献公之意），故意将二城修筑得很不坚固，却得罪了公子夷吾。

后来的发展是，晋献公果然派兵攻打蒲、屈二城，重耳和夷吾流亡国外。之后晋国内乱，二位公子先后得到秦穆公的支持，夷吾先回国成为晋惠公，死后，公子重耳才回晋国，成为晋文公。

士蒍处在政争"山雨欲来风满楼"的环境中,既不愿押宝选边,又担心得罪任何一方,于是无所适从!

历久弥新说名句

周朝的制度,"三公"是太傅、太师、太保三个崇高的官称;《礼记》则以司徒、司马、司空为三公;汉代以丞相、御史大夫、太尉为三公;到后来,太傅、太师、太保又称为"三师",属于崇官,亦即头衔崇高但无实际职务。

而"一国三公"的用法,是指"政出多门,号令不一"。

南北朝的南齐明帝萧鸾暴虐无道,死后儿子萧宝卷继位,嬉戏无度,不上朝与大臣议事,每天和身边的宦官、侍卫等玩乐。于是朝政被王遥光、徐孝嗣、江佑、萧坦之、江祀、刘暄等六人把持。

带兵驻守雍州的萧衍对他的表舅也是首席参谋张宏策说:"一国三公尚且不堪,更何况六贵同朝,势必相互倾轧,中央政府眼看要乱了。我们地处外州虽能远离祸事,可是几个弟弟仍住在京城(建康,今南京市),恐怕会遭到灾祸,我看还是得跟益州(成都)方面多联络一下。"

益州刺史是萧衍的哥哥萧懿,萧衍前面那一番话,哪里是挂念兄弟?根本就是想起兵造反。于是派张宏策去游说萧懿:"当今朝廷是六头马车比肩而行,每个人自己下敕(假皇帝之名),

眼看南齐政权就要土崩瓦解。益州和雍州的兵强马壮，治世可以效忠政府，乱世可以匡济天下，看情势发展而作为，这是万全之策。如果不早作计划，将来可别后悔。"

萧懿没答应兄弟联手造反，后来被杀，萧衍则政变成功，成为南梁武帝。这段历史的重点在于，政出多门，政局一定乱，这也是"一国三公"成语的意旨所在。

名句可以这样用

我们常用的"无所适从"，就是出自这个典故。"适"字古音读 dí，但是今天已经约定俗成读 shì，就没有遵古的必要，否则反而被人误以为是念错了。

美女破舌，美男破老

——排除敌国贤臣之策

名句的诞生

晋献公欲伐郭，而惮[1]舟之侨存。荀息曰："周书有言，美女破舌[2]。"乃遗[3]之女乐[4]以乱其政，舟之侨谏而不听，遂去。因而伐郭，遂破之。又欲伐虞，而惮宫之奇存。荀息曰："周书有言，美男破老[5]。"乃遗之美男，教之恶宫之奇，宫之奇以谏而不听，遂亡。因而伐虞，遂取之。

——战国策·秦策

完全读懂名句

1. 惮：畏惧、害怕。2. 美女破舌：指美女得宠，正直的臣子就算说破了舌头，君王也听不进他的话。3. 遗：给予，赠送，此时音 wèi。4. 女乐：古代服侍统治阶级的女性乐工与舞者。5. 美男破老：利用年轻的男宠去谗诋老成的人，使其不再受重视。

晋献公想要讨伐郭国，但是担心郭国有贤大夫舟之侨。荀息对晋献公说："《书经》有名言，美女可以破坏忠臣谏言。"于是赠送郭君歌舞团，以败坏其国政，舟之侨劝谏无效，乃辞官回家。然后晋国发兵攻郭，灭了郭国。晋献公又想讨伐虞国，但是担心虞国有贤大夫宫之奇，荀息又说："《书经》有名言，美男可以破坏老臣谋略。"于是赠送美男子给虞君，并教美男子讲宫之奇坏话，宫之奇因为数度劝谏不被采纳，愤而亡命外国。然后晋国发兵攻虞，灭了虞国。

名句的故事

张仪在秦国，一直想要排斥另一位谋士陈轸，陈轸的门客田莘就向秦惠王讲了前述故事，提醒秦惠王："楚国忌讳的就是秦国有横门君会用兵、陈轸有计谋，所以贿赂张仪来诽谤这两位大臣，希望大王不会像郭君、虞君一样。"秦惠王因而不接受张仪讲陈轸的坏话。

历久弥新说名句

晋国攻灭虞国另有更脍炙人口的故事，亦即"唇亡齿寒"的典故。

根据《左传》和《史记》，荀息建议晋献公赠送名马和美玉给虞君，而非美男。后来灭了虞国之后，晋献公说："美玉还是美玉，马的牙齿却长了（马老了）。"如果送的是美男子，恐怕要喟叹"美男已老"吧！

事实上，晋国两次向虞国借道讨伐虢国，而宫之奇劝谏虞君："虢国与虞国是唇齿相依的关系，我担心唇亡而齿寒。"但是虞君都没听他的。或许，赠送美男子是更早的事情，虞君因此而不听宫之奇的劝谏。

名句可以这样用

历史上，"美人计"真可说是无坚不摧，例如西施离间了吴王夫差和伍子胥，貂蝉离间了董卓和吕布，王昭君更换来了汉朝和匈奴的长期和平。至于"美男计"，由于国君和重臣都是男性，除非遇到"断袖之癖"的国君，否则比较难以见效。

转祸而为福，因败而为功
——化危机为转机之策

名句的诞生

苏秦对曰："圣人之制事[1]也，转祸而为福，因败而为功。……王能听臣，莫如归燕之十城，卑辞[2]以谢[3]秦。秦知王以己之故[4]归燕城也，秦必德[5]王。燕无故而得十城，燕亦德王，是弃强仇[6]而立厚交也。且夫燕、秦之俱事[7]齐，则大王号令天下皆从，是王以虚辞附秦[8]，而以十城取天下也，此霸王之业矣。所谓转祸为福，因败成功者也。"

——战国策·燕策

完全读懂名句

1. 制事：处理事情。2. 卑辞：谦虚的措辞。3. 谢：谢罪。4. 以己之故：因为自己的缘故。5. 德：感谢。6. 弃强仇：少掉强大的敌人。7. 事：事奉、推崇。8. 附：依附、归顺。

虚辞附秦：以外交辞令对秦采取低姿态。

苏秦对齐宣王说："圣人处理事情，能够将灾祸转为福气，将失败扭转为成功。……大王若能采纳我的建议，最好是将攻下的十城归还燕国，再谦卑地向秦国谢罪。秦王知道大王是因为他而归还十城，必定感谢大王；燕国不付代价而得回十城，燕王也会感谢大王。这就是免除了强国成为仇家，反而建立深厚交情。而既然燕、秦都推崇大王，那么大王的号令就能让天下服从，也就是说，大王以外交辞令对秦国采取低姿态，只付出十城就得到天下诸侯的信服，这是霸王的功业啊！也正所谓转祸为福、因败成功的做法。"

名句的故事

秦惠王把女儿嫁给燕文公的太子。燕文公逝世，齐宣王趁机攻下燕国十座城池，燕易王（秦惠公的女婿）托苏秦去游说齐宣王。

苏秦见到齐宣王，先向宣王道贺，马上又向他致哀。宣王拿起戈矛对着苏秦，问他："什么意思？"苏秦说："人虽然肚子饿极了，也不会去吃乌喙（毒草），因为毒死和饿死结果一样。如今燕王虽弱小，但毕竟是秦王女婿，大王得了十城，却开罪了强大的秦国，势必引来外患。无异于肚子饿了，却去吃乌喙。"

齐王问苏秦该怎么办？苏秦做了前述建议，齐王接受，而苏秦则完成了燕易王的托付。

历久弥新说名句

苏秦口中的"圣人"当指老子,《道德经》中有:"祸兮福之所倚,福兮祸之所伏。"意思是说,祸福是相对的,没有祸就无所谓福,反之亦然。所以,祸是福的前提,而福里面往往隐藏了祸的因子。

老子的思想正有着"祸福可以互相转化"的用意,有福时应戒慎隐藏的祸因,祸已至则应积极地去转祸为福——这就是苏秦所谓"圣人处理事情的能力",能够化危机为转机的人,就称得上是圣人。

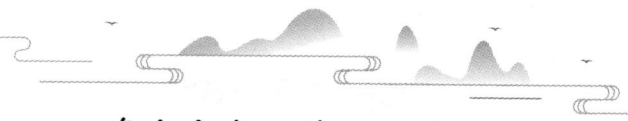

布衣之怒，流血五步

——赤脚拼穿鞋之策

名句的诞生

唐且曰："夫专诸[1]之刺王僚[2]也，彗星袭月；聂政之刺韩傀[3]也，白虹贯日；要离之刺庆忌[4]也，仓鹰[5]击于殿上。此三子者，皆布衣之士也，怀怒未发，休祲[6]降于天，与臣而将四[7]矣。若士必怒，伏尸二人，流血五步，天下缟素[8]，今日是也。"

——战国策·魏策

完全读懂名句

1. 专诸、聂政、要离：三人都是古时候的有名刺客。2. 王僚：吴王僚。3. 韩傀：韩国宰相，《史记》中称"侠累"。4. 庆忌：鲁国掌权大夫。5. 仓鹰：暗黑色的大型老鹰。6. 休祲：凶戾之气。祲：音 jīn。7. 将四：加起来合计四人。8. 缟素：穿孝服。

唐且说："当年专诸刺杀吴王僚时，势如彗星奔向月亮；聂政刺杀韩傀时，势如白色的光芒直冲太阳；要离刺杀庆忌时，势如黑鹰在殿上俯冲攻击。这三位都是布衣之士（刺杀的都是当权者），当他们怒气充满胸中时，凶戾之气就会从天而降，再加上我就是四位了（我已经快要发作了）。一旦志士发怒行动，结局是地上伏尸二具，血流五步（相对后文"伏尸百万，流血千里"）而已，可是天下人都要因此穿上孝服（为国君服丧），而且就在今天！"

名句的故事

秦王政灭了魏国，可是魏国的安陵君仍据守安陵。秦王派人去招安，说："寡人愿以五百里土地，和你交换安陵（五十里土地）。"安陵君派唐且去回报（谢绝好意），两人展开一番精彩对话。

秦王问唐且："先生听说过什么叫做天子之怒吗？"

唐且回答："臣没听说过。"

秦王说："天子一旦发怒，将会造成'伏尸百万、流血千里'（亦即发动战事，死伤惨重）的局面。"

唐且反问秦王："大王听说过布衣之怒吗？"

秦王："布衣之怒，不过是摘下帽子、脱掉鞋子，脑袋瓜子撞地罢了。"（马路上打架情景。）

唐且："那是匹夫之怒，不是志士之怒。"接下去说了前述那番话，并且挺剑起立，吓得秦王赶紧向他道歉。

历久弥新说名句

类似的戏码在春秋战国时期上演过好几回，例如曹沫胁迫齐桓公，讨回鲁国的失地；毛遂威胁楚考烈王，说服楚国出兵救赵；脚本都是"赤脚拼穿鞋"。

然而，曹沫、毛遂和唐且的目的都不在行刺，而是借着气势完成说服，和专诸、聂政、要离不同。

名句可以这样用

春秋战国时代，士人佩剑是合礼的身份表征，所以才会有前述场景。后来士大夫不准带剑上殿，"布衣之怒，血流五步"就成绝响了。

以酒亡国，以色亡国

——借题发挥之策

名句的诞生

昔者，帝女[1]令仪狄[2]作酒而美，进之禹，禹饮而甘之，遂疏[3]仪狄、绝旨酒[4]，曰："后世必有以酒亡其国者。"晋文公得南之威[5]，三日不听朝，遂推南之威而远之，曰："后世必有以色亡其国者。"

——战国策·魏策

完全读懂名句

1. 帝女：帝尧之女，帝舜之妻。2. 仪狄：人名，酿酒高手。3. 疏：疏远。4. 绝：戒绝。旨酒：美酒。5. 南之威：美女名，又作南威。

从前，帝尧的女儿吩咐仪狄酿酒，味道甘美，送给大禹喝，大禹喝了觉得太醇美了，就疏远仪狄，目的是戒喝美酒，并说：

"后世必然有人因喝酒而亡国。"

晋文公得到美女南之威，因耽迷美色而三天不理朝政，于是（忍痛）推开南之威且刻意疏远她，并说："后世必然有人因好色而亡国。"

名句的故事

这是鲁共公在魏惠王大会诸侯的宴会上致词所说的故事。

由春秋进入战国，诸侯间的游戏规则已经改变，强国各自称"王"，周王已成为厕所里的花瓶。鲁国是周公后裔宗亲，在春秋时还可以凭借传统价值观（周礼）而存活，进入战国时代乃岌岌可危，因此鲁共公借题发挥了一下。

鲁共公讲的"古例"，除了仪狄之酒、南威之色，还有易牙之味、强台（宫殿华丽）之乐。当时魏惠王（即孟子见的那位梁惠王）称霸一时，在诸侯大会上自比天子，鲁共公因而摆出周公后代的脸色，对梁惠王"晓以大义"。

但那次几乎是鲁国在战国舞台上场的最后一幕，司马迁《史记·鲁世家》在那之后，就只有寥寥数语交代了事。

历久弥新说名句

因酒色而亡国的故事，真是罄竹难书，的确应验了大禹和晋文公的预言。然而如果因此而认为酒、色不是好东西，则不但冤枉了酒与色，甚至是意志不坚者的借口。

孔子曾说："不为酒困，何有于我哉？"这不是他自夸酒量大，而是他"唯酒无量，不及乱"《论语·乡党》），喝酒有节制；《晋书》也记载了陶渊明"每饮酒有定限"。这两位都是意志坚强、喝酒而不因酒误事的典范。

名句可以这样用

"以酒亡国，以色亡国"是对君主的警语，儆惕不可因物质欲望而玩物丧志。人都有七情六欲，不应该过度的又岂止酒色而已？

以是为非，以非为是

——分化合纵之策

名句的诞生

凡大王之所信以为从[1]者，恃[2]苏秦之计，荧惑[3]诸侯，以是为非，以非为是，欲反覆[4]齐国而不能，自令车裂[5]于齐之市[6]。夫天下之不可一[7]亦明矣，今楚与秦为昆弟[8]之国，而韩魏称为东蕃[9]之臣，齐献鱼盐之地，此断赵之右臂也。夫断右臂而求与人斗，失其党[10]而孤居，求欲无危，岂可得哉？

——战国策·赵策

完全读懂名句

1. 从：同"纵"。为从：主张合纵。2. 恃：依凭。3. 荧惑：火星古名。火星是战星，此处一语双关，有迷惑与好战双意。4. 反覆：颠覆。5. 车裂：五马分尸之刑。6. 市：市场，商业闹区。7. 一：动词，齐一。8. 昆弟：兄弟。9. 蕃：同"藩"。称蕃：称臣。10. 党：此处作"盟友"解。

大王相信的那些主张合纵的人，都是仗着苏秦的阴谋诡计，他们以好战言论蛊惑诸侯抗秦，颠倒是非黑白。而苏秦本人想要颠覆齐国失败，在齐国闹市遭到车裂之刑。事实上，天下诸侯不可能齐一步调（合纵终究不会成功）已经很清楚，如今楚国已经和秦国结为兄弟之邦，韩魏向秦称臣，齐国献出鱼盐之地给秦，这不啻断了赵国的右臂。断了右臂还想跟人家格斗，失去了盟友而被孤立，怎么可能不发生危险呢？

名句的故事

张仪终于等到苏秦死了，才开始他的"连横"行动，也就是逐一分化合纵各国。而赵国正是最早支持苏秦"合纵"计划的国家，张仪乃在游说楚、魏、韩、齐与秦国交好之后，才去见赵王。

张仪的说服点有二：一是苏秦已死，合纵盟约已经失去灵魂人物；二是四国已经与秦交好，赵国若继续与秦国为敌，就可能陷入被孤立的危境。

赵武灵王迫于形势，接受了张仪的说词，与秦王在渑池会盟。

历久弥新说名句

张仪说主张合纵者"以是为非，以非为是"，凭心而论，主张合纵与主张连横并无"是非黑白"的问题，只有国际间利害分合的问题，并且得随国际形势变化而调整外交战略。而真正颠倒是非黑白的奸臣，才是可恶！宋徽宗宠信蔡京，蔡京为徽宗搜刮天下奇花异石，鼓励皇帝肆意奢侈，并且说出"陛下乃当今天子，理应享用天下之供奉，没什么好顾忌的"这种话，才叫做"以非为是"！

名句可以这样用

"以是为非，以非为是"还抵不上"指鹿为马"（赵高的故事不赘述），前者至少还讲是或非，后者连真相都没了，怎不教人在心中暗骂一句"马鹿野郎"？

出君之口，入臣之耳
—— 密谋策反之策

名句的诞生

二君[1]曰："我知其然。夫知伯[2]为人也，粗中[3]而少亲[4]，我谋未遂[5]而知，则其祸必至，为之奈何？"张孟谈曰："谋出二君之口，入臣之耳，人莫[6]之知也。"

——战国策·赵策

完全读懂名句

1. 二君：韩魏二家之族长韩康子与魏桓子。2. 知伯：智伯，智氏族长。3. 粗：音cū，粗暴。粗中：内心粗暴。4. 亲：仁慈。5. 遂：实现，行动。6. 莫：不可能。

韩康子与魏桓子说："我们懂得唇亡齿寒的道理。智伯这个人粗暴而不仁，万一我们的计划还没付诸行动，就被他知道了，肯定会招来大祸，那该怎么办？"张孟谈说："计划出自两位大人的口，入我一人之耳，别人不可能知道的。"

名句的故事

晋国六大家族内战，智氏最强，先后灭了范氏和中行氏，又向韩、魏、赵三家索取土地（目的在逼他们翻脸），韩康子和魏桓子忍气吞声捐出土地，但赵襄子不答应，于是智伯联合韩、魏出兵攻打赵。

三家联军围攻晋阳，三个月攻不下来，于是智伯决堤引晋水灌入城中，并且得意洋洋地说："我现在才晓得水可以倾人之城啊！"韩康子与魏桓子相互以肘、脚示意，因为韩、魏的根据地也都在河边，两家已有反叛智伯之意。

赵襄子派张孟谈去敌营当使者，暗中联络韩魏二家，内外夹攻智伯。张孟谈对韩康子和魏桓子游说"唇亡齿寒"的道理，于是一拍即合，并有了前述对话。

历久弥新说名句

阴谋密约可以守得住嘴巴，但不能保证守得住神色。张孟谈和韩魏二君密谋，就被智伯的族人智过看出有异，可惜智伯被胜利冲昏了头脑，未采信智过的话，最后被三家联手消灭。（请参考"请而不得，有悦色"一文）

春秋时，齐桓公大会诸侯，卫国国君迟到，齐桓公不高兴，就和管仲商量攻打卫国的计划。

桓公回到宫中，卫姬（卫君之女，桓公夫人）向桓公请罪，说："我望见国君趾高气昂，有出兵征伐的气势；国君见到臣妾时，神色又动，想必是要讨伐卫国。"

隔天，桓公上朝，管仲问："国君原谅卫国了吧？"桓公诧异："你怎么知道？"管仲说："因为国君今天上朝的举止恭谨、说话缓慢（无怒气），见到臣时，面露愧色，所以我猜到了。"

《吕氏春秋》评论这一段说，齐桓公虽然（口中）未说，（神情举止）却和暗夜中的烛光一样明显。

名句可以这样用

有道是："禁口容易欺心难。"阴谋密计可以"出君之口，入我之耳"不讲出去，但是"天知地知，你知我知"，搞阴谋的人终难免露出异色。

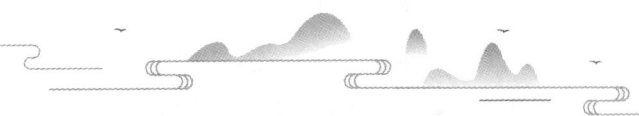

计不决者名不成
——促使把握时机之策

名句的诞生

苏秦谓薛公[1]曰:"臣闻谋泄[2]者事无功,计不决者名不成。今君留楚太子者,以市[3]下东国也,非亟得下东国者,则楚之计变,变则是君抱空质而负名[4]于天下也。"

——战国策·齐策

完全读懂名句

1. 薛公:孟尝君的封邑在薛,称薛公。2. 泄:泄露。3. 市:交易。4. 负名:背负不义之名。

苏秦对孟尝君说:"常言道:计谋一旦泄露就不会成功,订下计谋却犹豫不决就不能成名。如今阁下手中握有楚国太子,可以用他来交换下东国(楚地名)。如果不赶紧得到下东国,一旦楚国的政情发生变化,阁下将空抱人质而背负不义之名于天下了。"

名句的故事

秦国将楚怀王骗去秦国，扣留不让他回去，并对楚国诈称"楚怀王已死"，并要求楚国迎接在齐国当交换人质的太子"横"回国继位。这一招是想破坏齐楚同盟——人质回国，原先的盟约乃失去了"抵押品"。

但是齐闵王却想扣留楚太子以交换土地，齐国宰相孟尝君对齐闵王说："如果我们扣留太子，楚人会另立新王，那么我们就空有人质（太子已非太子，将不具人质作用），而背负不义之名于天下。"于是齐国放太子回国继任。

以上是《史记》的记载，与《战国策》记载迥异。然而，《战国策》的重点在"策"不在"史"，读者体会其策即可。

历久弥新说名句

南宋史学家鲍彪重校《战国策》注释，楚人知道怀王是回不来了，所以紧急拥立新君，以断绝秦国的要挟。这类说法，历史中不乏印证。

明英宗御驾亲征北方边患瓦剌（蒙古族），却吃了个大败仗，自己被俘，瓦剌便以英宗为要挟，向明帝国勒索大量财物。北京城内群臣惶惶不知所措，多数人主张付钱赎回皇帝，只有兵部侍郎于谦独排众议，拥立英宗的弟弟即位（景泰帝），并以"大明已有新皇帝"，拒绝了瓦剌的勒索。

瓦剌后来放回明英宗，英宗后来以"太上皇"身份发动政变，夺回帝位，于谦被满门抄斩，死后抄家却只有书籍，没有财物。这位清廉铁汉留有一首诗《石灰行》，自比石灰：

千锤万凿出深山，烈火焚烧若等闲；
粉身碎骨浑不怕，要留清白在人间。

于谦拥立新帝，断绝瓦剌勒索，印证了时机紧迫必须断下决心的必要性，同时也印证本"策"苏秦所说的"计不决者名不成"。

名句可以这样用

俗话说"女大不中留，留来留去留成仇"，嫁女儿和放归人质的道理相同——时机一旦错过，非但失去"行情"，甚至引来怨恨。

投资国君一本万利，最成功的当属吕不韦，吕不韦初见秦国王子（即后来秦始皇的爸爸）时，认为是"奇货可居"。这个"居"字就是"囤积以待好价钱"的意思。然而，囤积居奇的最高原则就是要能把握时机，时机一旦错过，行情就没了——抵押品一旦失去行情，先前的投资或贷款或合约也就一文不值矣！

凤凰于飞，五世其昌

——卜卦辞的后见之明

> ### 名句的诞生
>
> 初，懿氏[1]卜妻[2]敬仲[3]，其妻占之曰，吉。是谓凤凰于飞[4]，和鸣锵锵[5]，有妫[6]之后，将育于姜[7]。五世其昌，并于正卿，八世之后，莫之与京[8]。
>
> ——左传·庄公二十二年（周史知陈大于齐）

完全读懂名句

1. 懿氏：陈国大夫。2. 卜妻：为嫁女儿而占卜。3. 敬仲：陈国公子，后来流亡齐国。4. 凤凰：吉祥之鸟，凤是雄鸟，凰是雌鸟。凤凰于飞：凤凰比翼齐飞。5. 锵锵：声音宏亮，隐喻为享有声誉。6. 妫：陈国姓"妫"。7. 姜：齐国姓"姜"。8. 京：高大。莫之与京：高大无比，隐喻当国君。

起初，陈国大夫懿氏有意将女儿嫁给国君之子敬仲，他的妻子占卦结果是"吉"。占卦之辞为：凤凰比翼齐飞（出国），鸣声宏亮（著有声誉），陈国的后代在齐国成长。五代以后昌盛发达，官位等同正卿；八代以后，没有人比他更高大（当国君）。

名句的故事

陈国发生政变，太子被杀，公子敬仲是太子一党，因此逃奔国外，到了齐国，改姓田氏。齐桓公很器重敬仲，想要任命他为卿，敬仲谦让，只担任了工正（百工之长）。

传到敬仲五世孙田无宇，得到齐庄公的宠信，田氏开始担任大夫，他的儿子田乞刻意收买民心，收赋税时用小斗，发粮食时用大斗。晋国内战当中，田乞又用齐国的粮食援助晋国的范氏和中行氏，引为外援。

齐景公过世之后，田乞废君、立君，又弑君、立君，田氏成为齐国实质执政家族。到了田乞的孙子（敬仲八世孙）田和，放逐齐康公，瓜分晋国的三家之一魏文侯向周天子提出，立田和为齐侯，史称"田氏篡齐"，和三家分晋同一年，史家以此为战国时代的起始。

历久弥新说名句

懿氏之妻真的占卜如此灵验吗？听起来可真是准确：陈国之后在齐国发达，五世后做大官，八世后当国君！

如果这项占卜之辞真的早就存在，那么姜姓的齐国国君一定会防着田氏。就如秦始皇为了"亡秦者胡也"一句神秘预言，发动大军攻打匈奴——结果匈奴"胡"没有亡秦，反而是他们不肖子二世"胡亥"搞垮了秦帝国！

因此，历代的神秘预言最常出现两种情形：一是后人附会牵连，强做解人；二是后人伪造，以"应验"事实。

名句可以这样用

无论如何，"凤凰于飞"和"五世其昌"都流传至今成为婚礼时的吉祥话。当然，也不必拘泥其原意：前者是小俩口一同流亡国外，后者发达则发达矣，却是揽权、篡位之"昌"。

我能往，寇亦能往
——正面迎敌不躲避之策

名句的诞生

楚大饥，庸人帅群蛮以叛楚，麇人率百濮[1]聚于选[2]，将伐楚。……楚人谋徙于阪高[3]。蒍贾[4]曰："不可。我能往，寇亦能往。不如伐庸，夫麇与百濮谓我饥不能师，故伐我也，若我出师[5]，必惧而归。"

——左传·文公十六年（蒍贾谋伐庸）

完全读懂名句

1. 庸、麇、濮：皆楚国南方蛮族名。百濮指濮地诸蛮。2. 选：地名。聚于选：集结在"选"地。3. 阪高：地名，地形险要。徙于阪高：迁都到地形险要的阪高地方。4. 蒍贾：楚国大夫，孙叔敖之父。5. 师：前一个"师"是动词，作战；后一个"师"是名语，军队。

楚国发生大饥荒，南方民族大举叛变，庸族为首，麋族和百濮在选集结，准备攻击楚国，楚国朝廷为此商议迁都到地形险要的阪高。

蒍贾说："这个计划不可行。我们能去，贼寇也能去。不如正面攻击为首的庸族，因为麋族和百濮是以为我们因饥荒而无力作战，才敢来侵犯，如果我们主动出师攻击，他们一定畏惧而撤兵。"（蛮族联军因此而瓦解。）

名句的故事

蒍贾的建议得到采纳，整军出兵，果然麋和百濮就撤军了。

楚军与庸军对阵，楚大夫潘旺献骄敌之策：楚军七阵七败，庸军以为胜利在望，于是疏于戒备，陷入埋伏。楚国大军集结反包围，秦国与巴国（四川）派出援军，各蛮族因而与楚签下和约，庸族被孤立，灭亡。

历久弥新说名句

蒍贾有个很有名的儿子孙叔敖，后来担任楚国宰相。

孙叔敖小时候，看见一条两头蛇，由于传言看见两头蛇的人会死，他起初既害怕又担心，继而想："我看见，他人也会看见，我反正已不免一死，不如为民除害。"于是拿起锄头打死了那条两头蛇，而他自己并没有死。

孙叔敖这个"我看见，他人也会看见"的逻辑，和他父亲"我能往，寇亦能往"是一样的；而打死两头蛇的做法是正面解决问题，也和蔿贾"正面出击"是一致的。看来，他受到父亲的影响还真不小。

西汉宣帝时，西羌（藏族一支）为患，老将赵充国奉命赴前线平乱。羌族有两支主力，先零较强，罕并较弱，酒泉太守和朝中那批"坐而论战"的大臣都主张先攻罕并，但赵充国坚决主张先解决先零，罕并自然退去。最后，也是用诈败骄敌之计打垮了先零部队，罕并自动归顺。这和蔿贾主攻庸族的战略是相同的。

名句可以这样用

面对强敌威胁时，迂回转进"以空间换取时间"也是一策，并非一定得正面迎敌。"我能往，寇亦能往"的基本精神是不做缩头乌龟，想出办法而非一味躲闪。

名不可两立，行不可两全

——忠孝不能两全之叹

名句的诞生

申鸣[1]曰："食君之食[2]，避君之难，非忠臣也；定君之国，杀臣之父，非孝子也。名不可[3]两立，行不可两全也。如是而生，何面目立于天下？"遂自杀也。

——说苑·立节

完全读懂名句

1. 申鸣：楚国左司马。2. 前一个"食"，动词，吃。后一个"食"，名词，食物。3. 不可：不能。

申鸣（对楚惠王）说："我吃君王的饭，若逃避君王的灾难，就不是忠臣；但是，如今我安定了君王的国家，却因此害了我的父亲被杀，就称不上是孝子。忠、孝之名不能两立，忠、孝之行不能两全，这样子活着，还有什么颜面立足于世间（难避天下人之批评)。"于是自杀身死。

名句的故事

申鸣是楚国有名的孝子,楚王请他出来做官,他不干,他的父亲说:"如果你能为国服务,有好的政绩,我会很高兴。"于是申鸣去做官。三年后,白公造反,楚惠王被拘禁,申鸣要去营救楚惠王"共赴国难",他的父亲想要阻止他,他对父亲说:"既然做了官,身体归于君王,俸禄归于父母亲。"于是发兵围攻白公。

白公的参谋石乞说:"申鸣是有名的孝子,只要挟持他的父亲,就可以让他放下武器。"但是申鸣说:"从前我是父亲的孝子,如今我是国君的忠臣。"继续攻打白公,最后平定了乱事,但他的父亲也因此被杀。

楚惠王赏申鸣黄金百斤,申鸣说了前述那番话后自杀——如此才能完成他的"忠孝两全",平乱为国君尽忠,自杀为父亲尽孝。

历久弥新说名句

楚平王为太子建娶妻,却见那女子美貌,自己娶了她,后来更要派人杀太子建,太子建逃亡宋国。

太子建的师傅伍奢被囚禁,伍奢有两个儿子都很优秀,楚平王要伍奢把两个儿子召来,否则就要杀伍奢。

伍奢的儿子伍尚和伍员（伍子胥），经过一番讨论之后，二人心知肚明，此去一定父子同归于尽，于是伍尚对伍员说："我去尽孝（送死），你逃亡，找机会报仇。"

伍子胥逃亡，伍奢和伍尚被杀。后来，伍子胥借用吴国大军攻进楚国郢都，把楚平王的尸体挖出来鞭打。

伍奢有两个儿子，所以赴死尽孝和报仇雪恨可以"两全"！

名句可以这样用

"忠孝不可两全"、"鱼与熊掌不可兼得"，不可，都是"不能"的意思，千万莫做"不可以"解释。天下事想要两全其美，往往是奢求，不能两全（双赢）时，就非做抉择不可，例如"舍生取义"。事实上，伍子胥的完结篇就是企求两者兼得的后果。（参阅"十年生聚，十年教训"一章）

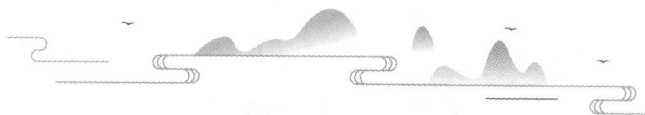

忠臣不事二君，贞女不更二夫
——以死唤醒人心之策

名句的诞生

王歜[1]曰："忠臣不事二君，贞女不更二夫。齐王不听吾谏，故退而耕于野[2]。国既破亡，吾不能存，公又劫[3]之以兵，为君将，是助桀为暴也。与其生而无义，固不如烹。"遂悬其躯于树枝，自奋绝脰[4]而死。

——说苑·立节

完全读懂名句

1. 王歜：人名，齐国处士。歜：音chù。 2. 耕于野：辞官（在野）自耕为生。 3. 劫：同"挟"。 4. 脰：音dòu，颈项。绝脰：扭断脖子。

王歜说："忠臣不事奉两个君主，贞节的女子不再嫁第二个丈夫。齐王不听我的劝告，所以我退隐在野自耕而食。如今国家已经破亡，我也不能偷生，阁下还以武力相胁，要我担任你的将领，岂不是助桀为虐吗！与其不名誉地活着，还不如被烹杀。"于是自己用树枝吊起身体，奋力挣断脖子而自杀。（上吊连绳子都不用！）

名句的故事

燕将乐毅伐齐，连下七十城，只剩莒和即墨二城。乐毅听说王歜是个声望很高的贤者，下令军队"不准进入王歜居处三十里半径范围内"，然后派人去对王歜说："请你担任将军，封你一万户食邑。"（当汉奸，封万户侯。）王歜回绝，乐毅再派人去说："你不答应，我命令军队屠杀你全乡。"

王歜忠义不能两全，选择自杀，尽忠且不拖累乡民。（请对照"名不可两立，行不可两全"一章）

当时，齐愍王已经死了，王族中只有王子田法章流落在莒城。齐国四散奔逃的大夫听说这件事情，都说："王歜一个布衣尚且如此，何况我们这些在位拿国家俸禄的人呢？"于是纷纷向莒城聚集，拥立田法章为齐襄王。后来田单在即墨以反间计和火牛阵打败了燕军，恢复齐国版图。

历久弥新说名句

王歜的事迹只是"忠臣不事二君"，至于"贞女不更二夫"，另有一个故事：

明末有一位葛嫩娘，父亲是个总兵，为国殉难，家境破落，嫩娘被卖入金陵妓院。一位爱国之士孙克咸在妓院中结识葛嫩娘，二人成为莫逆知己。扬州陷落，清兵逼近金陵，克咸携葛嫩娘到福州襄助福州守将杨俊抗清。

福州被围，葛嫩娘二度突围向郑芝龙求援。郑芝龙降清，福州沦陷，杨俊战死，孙克咸和葛嫩娘率众进入仙霞岭打游击，最后遭围剿，械尽粮绝被俘。

清军主将博洛见葛嫩娘风韵犹存，提出要求娶她为妾，不答应就屠杀全部游击军。葛嫩娘咬断舌头唾向博洛，于是全部就义！

谁说风尘女子无情无义？葛嫩娘同时做到了本章上、下二句！

名句可以这样用

时至今日，虽然"忠臣不事二君"已经由忠君改为忠于国家；"贞女不事二夫"已经不合时宜。但是，忠诚仍然是重要的德行，不忠、不诚就不会赢得信任。

我无尔诈，尔无我虞
——坦诚签和约之策

名句的诞生

使华元[1]夜入楚师，登子反[2]之床，起之，曰："寡君使之以病告[3]，曰敝邑易子而食、析骸以爨。虽然，城下之盟[4]有以国毙[5]，不能从也。去我三十里，唯命是听。"子反惧，与之盟，而告王，退三十里，宋及楚平。盟曰："我无尔诈，尔无我虞。"

——左传·宣公十五年（华元夜登子反之床）

完全读懂名句

1. 华元：宋国大夫。2. 子反：楚军统帅公子侧。3. 以病告：自承形势危急，采取低姿态。4. 城下之盟：古时诸侯会盟多在原野之中，兵临城下之盟，视为奇耻大辱。5. 毙：亡。有以国毙：宁可亡国。

楚军包围宋国都城九个月，宋文公派大夫华元趁夜潜入楚军阵地（围城九个月，戒备松弛），直入楚军统帅子反帐中，将子反由床上叫醒，对他说："我的国君派我来说，咱们城中已经到了交换儿子相食、拆开死人骨骸当柴烧的地步。虽然如此，城下之盟是不能接受的，如果要受屈辱，宁可拼到亡国也不投降。如果楚军向后撤三十里，在那里签和约，那就唯楚国之命是听。"子反在那一刻，害怕被华元所杀（若不答应，华元自知不免一死，肯定会先杀子反），就跟华元做了秘密约定，然后说服楚庄王，将军队后撤三十里，宋国向楚国臣服，和约上记载："楚国不得诈骗宋国（背约再攻宋），宋国不得防备楚国。"

名句的故事

事实上，楚军围城九个月，也已经师老兵疲，楚庄王有意撤军，楚大夫申叔时献策："我们假装要盖房子，并且派兵耕田，以示准备长期包围，宋国一定会害怕而求和。"果然，宋文公吓到了，于是派华元出这一趟任务。

《史记》记载这一段稍有不同：子反引见华元晋见楚庄王，问华元城中状况，华元据实以告（易子而食，析骸以爨）。楚庄王说："这真是诚实的说法。坦白说，我军也只剩两天粮食了。"于是退兵三十里议和。

历久弥新说名句

若依《史记》所载，则这个故事的主轴就在一个"诚"字，双方因诚而签和约，和约也注明双方不可"尔虞我诈"。

另有一个与"诚"和"撤军"有关的故事：

晋文公（公子重耳）在外流亡时，经过楚国，楚成王礼遇他，并问："将来怎么回报我？"重耳回答："万一迫不得已要和大王对阵，我将退避三舍（九十里）以示回报恩情。"后来晋楚两军对阵，晋文公守约退避三舍，这一举动松懈了楚军军心，士兵不想战，主帅子玉却坚持要战，结果楚军大败，晋文公一战而成诸侯霸王。

名句可以这样用

"尔虞我诈"在今日已成常态，古时候人情重诚信，才能不诈、不虞。换在今天，非但白纸黑字和约不算数，口头约定更不算数，甚至子反一旦脱离危险，华元的性命将立即不保。

父教子贰，何以事君

——临难不亏大节之论

名句的诞生

晋惠公卒，怀公命无从亡人[1]，期期[2]而不至，无赦。狐突之子毛及偃[3]，从重耳在秦，弗召，冬，怀公执[4]狐突，曰："子来则免。"对曰："子之能仕[5]，父教之忠，古之制也。策名委质[6]，贰[7]乃辟[8]也。今臣之子，名在重耳有年数矣，若又召之，教之贰也。父教子贰，何以事君？刑之不滥，君之明也，臣之愿也。淫刑以逞[9]，谁则无罪？臣闻命[10]矣！"乃杀之。

——左传·僖公二十三年（狐突不教子贰）

完全读懂名句

1. 亡人：流亡在外之人，指公子重耳。2. 期期：设定期限。第一个"期"是动词，约定。3. 狐突：晋国大夫，其子狐毛、狐偃。4. 执：逮捕。5. 仕：做官。6. 策名：人臣的名字书写在君主的简策当中。委质：同"委身"，身体奉献给国君。7. 贰：有贰心。8. 辟：加之罪，如"大辟"是死刑。9. 淫：过度。逞：纵欲。10. 闻命：接受命令。

晋惠公死后，儿子晋怀公继位，下令不准追随流亡在外的公子重耳（后来的晋文公，晋怀公的二伯），设定期限一年，不回来的"杀无赦"。

晋国大夫狐突的两个儿子狐毛、狐偃正追随重耳在秦国，狐突并未召回二子，晋怀公因此逮捕狐突，说："你儿子回来就不杀你。"

狐突说："自古以来，儿子长大可以做官了，父亲教他忠君之道，一旦名字列入臣属名册，就得为主君尽忠，若有贰心，就治他的罪。我的儿子列名公子重耳之下已经很多年（远在国君继位之前），如果现在召他们回来，等于是教他们有贰心。父亲教儿子有贰心，父亲本人又有何立场事奉国君？不滥用刑罚是国君英明、臣子之福，如果刑罚过度以逞威，那什么人可以避免获罪？我接受命令就是了。"于是晋怀公杀了狐突。

名句的故事

公子重耳原本就有很好的名声，晋国贤人追随他流亡的很多，国人也一直希望他回国执政，甚至秦穆公原本也想支持他，只不过被晋惠公捷足先登而已。

因此，晋怀公对这位伯父，自然感觉如芒刺在背，随时有被伯父回国取代的危机。

孤突其实一点也不"糊涂"，他很清楚，以晋怀公这种猜忌性格，召回儿子也未必能长保安泰（淫刑以逞，谁则无罪？），而重耳后势仍然看好，所以不召回二子。在面对死亡威胁时，还讲出这一番大道理来，既是劝谏（君之明也），也有讽刺。

历久弥新说名句

如果晋怀公是个心胸开阔的国君，孤突有可能召回二子。历史上的英明之主常能任用原本敌对立场的臣子，唐太宗重用魏征是一例，重用徐世勣是另一例。

徐世勣原本是李密的部下，李密降唐后，徐世勣更一度拥兵在外，以自己不投降，保李密不被杀。后来则为李渊、李世民父子立下汗马功劳，赐姓李，因此史书上称他李世勣。（后来又因避李世民之讳，改称李勣。）

李世勣得了急性传染病，医生的处方当中要用到"须灰"，唐太宗亲自剪下自己的胡须，烧成灰给李世勣当药引。李世勣为此叩头出血谢恩，唐太宗说："我这是为国怜才，不是为你个人。"并且说："先生当年不辜负李密，现在怎么会辜负我？"

李密手下另一员悍将单雄信的下场却是对比——李密被王世充打败，李密投靠李渊，单雄信则投降了王世充。等到李世民攻下洛阳，王世充灭了，李世民下令杀单雄信。李世勣为单雄信求情,说他"矫健绝伦",并且愿意捐出全数家产、放弃所有官爵以换取单雄信的性命。但是,李世民不答应!

名句可以这样用

　　李世民"杀与不杀"的标准,就在"有没有贰心",李世勣和单雄信对李密的忠心与贰心,成了一生一死的关键因素。而这个故事又为"父教子贰,何以事君"做了绝佳见证——有贰心的人,即使放他活命,以后也不会忠心。

人谁无过，过而能改，善莫大焉

——知过不改而招弑之鉴

名句的诞生

晋灵公不君[1]，厚敛[2]以雕墙，从台上弹人，而观其辟丸[3]也。宰夫胹熊蹯[4]不熟，杀之，寘[5]诸畚，使妇人载以过朝，赵盾、士季见其手，问其故，而患之。将谏，士季曰："谏而不入，则莫之继也，会请先。不入，则子继之。"三进及溜[6]，而后视之，曰："吾知所过矣，将改之。"稽首而对曰："人谁无过，过而能改，善莫大焉。"

——左传·宣公二年（赵盾弑其君夷皋）

完全读懂名句

1. 不君：有失君道。2. 厚敛：课税过重，剥削人民。3. 辟丸：躲避弹丸。4. 胹：音ér，煮。熊蹯：熊掌。5. 寘：音zhì，放置、填。6. 溜：屋檐滴水处。

晋灵公荒淫无道，剥削人民财产用来装饰宫墙，还从高台上用弹弓打行人，看他们躲避弹丸取乐。

厨师烹煮熊掌未熟透（熊掌难熟，但不熟则有毒），晋灵公杀了他，将尸体填入竹器，叫妇人扛着经过朝会之所（示众）。赵盾和士会看见厨师的手露在外面，问明原因后，对国君无道非常忧心。

二人将要进谏时，士会对赵盾说："你是上卿执政官，如果谏而不听，其他人将无以继之。还是我先去，如果国君不听，你再进谏。"

士会"三进三伏"（以示恭敬）入宫，晋灵公起初装做不知道，直到士会伏进到了滴水檐前，才正眼看他，说："我知道错了，会改过的啦！"士会起身，一百八十度鞠躬，说："人哪个不犯过失？有过失而能改正，就是最大的善行。"

名句的故事

士会软性进谏，晋灵公口中说要改过，说过了仍然不改。于是赵盾以较强烈的态度进谏，晋灵公火了，派刺客去刺杀赵盾。那位刺客趁天刚亮（最佳攻击时刻）前往赵盾官邸，赵家已经打开正门，赵盾穿好朝服，坐着假寐等待时间到了上朝。刺客见他是一位尽忠职守的好官，既下不了手，又无以复命，于是自己用头撞槐树而死。

晋灵公又设计了一场酒宴，埋伏甲士要杀赵盾，还包括一只身高四尺的獒犬。酒过三爵，灵公的一位驾车人提弥明突然上前，拉起赵盾向外走，獒犬冲出，提弥明搏杀猛犬，但死于甲士之手。又有一位不知名的甲士，掉转兵器（以示非叛），以戟杖为赵盾抵挡甲士，一路掩护他脱围。

赵盾问那义士何名，回答："我就是那个桑树下的饿人。"原来，赵盾曾经在一棵桑树下遇到一个饿了三天的人，给他食物，他说要带回去给老母吃。赵盾让他吃饱，并将那人的囊袋装满食物带回家——这个偶然的善行，这回救了他一命。

赵盾逃亡，他的族人赵穿发动兵变，杀了晋灵公。赵盾尚未离开国境，闻讯回朝执政。晋国的史官董狐记载此事："赵盾弑其君。"赵盾辩称："弑君是赵穿，不是我。"董狐说："阁下是晋国的执政官，出奔并未离国境，所以仍是执政官；回朝却不声讨逆贼，岂不是你放纵弑君？"——这就是文天祥《正气歌》中"在晋董狐笔"一句的典故。

历久弥新说名句

孔子称赞颜渊"不迁怒，不贰过"，不贰过就是不犯相同的错，就是知过能改。显然"不贰过"是很难做到的，连孔门弟子都只有颜渊做得到。晋灵公知过却不能改，甚至闻过则怒，欲杀害赵盾，结果自招灭亡。

改过已难，向善就更不容易，最有名的故事当属"周处除三害"，故事大家耳熟能详，不再赘述。

名句可以这样用

我们现在常用"人非圣贤,孰能无过;过而能改,善莫大焉",即语出《左传》此典。

有党必有雠

——广结善缘之策

名句的诞生

晋郤芮[1]使夷吾[2]重赂秦以求入[3]……从之。齐隰朋[4]帅师会秦师，纳晋惠公。秦伯[5]谓郤芮曰："公子谁恃[6]？"对曰："臣闻亡人[7]无党[8]，有党必有雠。夷吾弱[9]不好弄[10]，能斗不过[11]，长亦不改，不识其它。"

——左传·僖公九年（秦伯纳夷吾）

完全读懂名句

1. 郤芮：人名，晋国大夫。郤音 xì。2. 夷吾：晋献公第三子，当时流亡在外。3. 入：进入晋国继承君位。4. 隰朋：人名，齐国大夫。隰音 xí。5. 秦伯：秦穆公。6. 恃：倚重、重用。7. 亡人：流亡之人。8. 无党：无法结党。9. 弱：小时候。10. 弄：狎玩、嬉戏。11. 过：过度。

晋国大夫郤芮建议公子夷吾用重礼贿赂秦穆公，以争取秦国支持，回晋国继位，夷吾照做了。齐国也派隰朋率领军队前来，与秦军会师，拥立夷吾成为晋惠公。

秦穆公问郤芮："公子夷吾将会重用何人？"郤芮回答："常言道，流亡在外的人没有能力结党，况且，有朋党也就必定有仇敌。夷吾小的时候不喜欢嬉戏（庄重），习武艺但有节制（不好斗），长大后也维持这种性格（言下之意，朋友少，仇敌也少），其它我就不知道了。"

名句的故事

晋献公杀太子申生，逼走重耳、夷吾的故事请参考"一国三公，吾谁适从"一章。

献公过世之后，晋国陷入内乱，重耳和夷吾都想回国继位，而邻近的强国秦国乃成为争取外援的对象。秦穆公本意是想支持重耳，因为他有贤明的声誉，但是郤芮这一招，却让夷吾捷足先登。

事实上，晋国内部早就分成好几派，各自有支持对象，郤芮正是夷吾一"党"。但是面对秦穆公的询问，郤芮装出中立姿态，只举出"夷吾没有朋党，也没有敌人"的优点——继位阻力小。

这个优点也符合秦穆公的利益，由于夷吾缺乏领导团队，将成弱势国君，秦国的影响力较大，所以支持夷吾回国即位。

历久弥新说名句

领导人在得位之前，莫不积极建立自己的团队，希望人才都成为自己一党，如唐高祖李渊的三个儿子李建成、李世民、李元吉各自建立党羽，后来演变成玄武门兵变，成为"有党必有雠"的最佳见证。

然而在得位之后，能像唐太宗李世民那样，包容所有以前敌人之党羽（最明显的是魏征，本来属于李建成一党），实属凤毛麟角。

高高在上自称"寡人"的皇帝，就位后必须天下一统，所以不宜再有私党，甚至最忌讳的就是臣下结朋党。事实也是如此，朋党相争是一个政府最大的蠹害。

唐朝的"牛李党争"，两派相互攻讦数十年，彼此内耗的结果，藩镇坐大、宦官得利、外患频仍，终至搞垮了帝国。在那段党争期间，双方皆称己方是"君子"，对方是"小人"，再好的人才、再好的政策，只因为那是"他党"而全力杯葛，政府因而原地踏步，什么事也做不了。

更明显的例子是北宋王安石变法。当时的政治已经腐败到相当程度，王安石提出一系列的改革措施很多的确切中时弊，但只因为"旧党"杯葛，而逐一失败。事实上，旧党中不乏名臣，如司马光、欧阳修、范纯仁、富弼、苏轼（东坡）等皆是，却只为了"朋党之私"，造成政府的内耗，北宋因而积重难返，丧失了改革中兴的大好机会。

近代史上，清光绪"百日维新"提出的变法措施，也因"老母党"（慈禧太后）压过了"小子党"而失败，清朝因而灭亡，中国也陷入一百多年的苦难。

名句可以这样用

尽管民主时代强调民主风度，但是结党营私仍是人性中阴暗的一面，"有党必有雠"的现象，实难以避免——狗改不了吃屎，也免不了为"屎"而打架。

皮之不存，毛将安傅

——忘恩负义的歪理

名句的诞生

秦饥，使乞籴[1]于晋，晋人弗与。庆郑[2]曰："背施[3]无亲，幸灾[4]不仁，贪爱不祥，怒邻[5]不义。四德皆失，何以守国？"虢射曰："皮之不存，毛将安傅[6]？"庆郑曰："弃信背邻，患孰恤之？无信患作[7]，失援必毙，是则然矣。"虢射曰："无损于怨，而厚于寇[8]，不如勿与。"庆郑曰："背施幸灾，民所弃也。近[9]犹雠也，况怨敌乎？"弗听。退曰："君其悔是哉。"

——左传·僖公十四年（庆郑虢射议[10]闭[11]秦籴）

完全读懂名句

1. 籴：谷入仓；出仓称为"粜"。2. 庆郑、虢射：皆晋国大夫。3. 背施：背叛（他人曾施与之）恩情。4. 幸灾：如"幸灾乐祸"用法。5. 怒邻：激怒邻邦。6. 傅：附着。7. 作：

疑为"伐"字错植。8. 寇：对敌人的轻蔑称呼，如"倭寇"。此处指秦国。9. 近：亲近，友好。10. 议：辩论。11. 闭：关闭，不给。

秦国农作歉收，派使者向晋国请求粮援，晋国不给。晋国两位大夫为此在朝廷上展开辩论：

庆郑说："去年秦国以粮食援助我国，背叛恩情有失敦亲睦邻之道，幸灾乐祸有失仁道，贪惜粮食不救灾会招致不祥，因此而激怒邻邦是忘恩负义，有这四种缺点，如何保全国家？"

虢射说："国君（晋惠公）以前答应割让五座城池给秦国，后来毁约，相形之下，不给粮食只是小事而已。好比皮（五城）都不存在了，毛（粮食）又能附着在哪呢？"（结怨已深，小惠不足以弥补裂痕。）

庆郑："背信在先，负恩在后，因而得罪了邻国，以后有灾难发生，谁来帮助？失信将招致讨伐，失援将招致亡国，这是理之必然啊！"

虢射："援助粮食无助于解怨，反而资助了敌寇，不如不给。"

庆郑："忘恩负义再加上幸灾乐祸，会失去民心。这种作风即使是一向友好的国家都会因而生怨，何况已经结怨的敌国？"

晋惠公不听庆郑的意见。庆郑在退朝后说："国君将因此而后悔。"

名句的故事

之前秦穆公帮助晋惠公（夷吾）取得大位，但晋惠公反悔当初约定（割五城）。发生本事件的前一年，晋国歉收，秦国援助晋国粮食，而这一年晋国却忘恩负义。

不但如此，晋惠公更趁此良机（秦国饥荒）攻打秦国。这下秦穆公真的火大了，说："你要当国君，我帮你登上大位；你要粮食，我给你粮食；现在你要开战，我能拒绝吗？"

一场战争打下来，晋军大败，晋惠公被俘，幸赖秦穆公夫人（晋献公的女儿，惠公的姊妹）携着儿子和女儿，穿上丧服、站上柴堆，以自焚相胁，才答应晋国求和，放回晋惠公。

晋惠公回到国内，第一道命令就是杀了庆郑，显然晋惠公毫无悔意，庆郑碰到这种昏君，悔之晚矣！

历久弥新说名句

中医有一本经典名著《伤寒论》，以"皮"比喻人的身体，以"毛"比喻物质享受，认为人不好好养生，只追求名利富贵，就是不思考"皮之不存，毛将焉附"的道理。

至于庆郑的遭遇，历史上像这样的忠言之臣，却没有好下场，故事倒是一再重演。

三国时，袁绍与曹操在北方争霸，袁绍帐下参谋田丰劝袁绍

"静以待时,不可妄兴大兵,恐有不利",被袁绍下狱待罪。

官渡大战,袁绍惨败,士兵捶胸大哭:"若听田丰之言,我等怎遭此祸!"袁绍面子上挂不住,派人先到狱中杀了田丰,然后才班师。

反观曹操,赤壁大战惨败之后,他捶胸痛哭:"如果郭嘉仍然在世,一定会劝阻我,不会让我遭遇如此大败!"

袁绍器气狭窄,和晋惠公是同一流货色,这种老板肯定没有人才愿意追随他,庆郑和田丰是倒了八辈子的霉,碰到这种老板,死路一条!而曹操呢?说他是奸雄也好,说他那一"哭"是演戏也好,这种作风肯定能够吸引人才加入团队。

名句可以这样用

本句如今多作"皮之不存,安将焉附"。并请参考"蝼蚁得意焉"一章,对靖郭君而言,齐国是"皮",薛城是"毛",如果保不住齐国,皮之不存,毛将焉附?就算薛城的城墙高达于天也没用。

欲加之罪，其无辞乎

——认命伏诛之叹

名句的诞生

晋侯[1]杀里克[2]以说[3]。将杀里克，公使[4]谓之曰："微[5]子则不及此[6]。虽然[7]，子弑二君与一大夫，为子君者，不亦难乎？"对曰："不有废[8]也，君何以兴[9]？欲加之罪，其无辞[10]乎！臣闻命[11]矣。"伏剑[12]而死。

——左传·僖公十年（晋侯杀里克）

完全读懂名句

1. 晋侯：晋惠公。2. 里克：人名，晋国大夫。3. 说：同"脱"。杀里克以示自己非篡位。4. 公使：国君的使节。5. 微：同"非"，没有。6. 不及此：没有今天（的君位）。7. 虽然：虽然如此。8. 废：里克连废二君。9. 兴：兴起，此指返国为君。10. 辞：说辞，理由。11. 闻命：听到（且接受）命令。

12. 伏剑：以剑自刎。

公子夷吾返回晋国即位成为晋惠公，他下令杀里克，以示他不是篡弑得位。（因为里克接连废掉两个国君，惠公此举表示他不是和里克同谋。）

将要行刑之前，晋惠公派人对里克说："没有你（作乱）的话，寡人没有今天。虽然如此，阁下连杀两位国君和一位大夫（荀息），作为阁下的国君，岂不辛苦？（随时生活在恐惧中。）"里克回答："若不废掉二君，国君又怎能就大位？总之，想要加罪名在我头上，哪里会找不到说辞呢？我接受命令就是了。"于是自刎而死。

名句的故事

晋献公杀太子、逐二子（参考"一国三公，吾谁适从"）。献公死后，骊姬生的儿子奚齐继位，里克是公子重耳一党（参考"有党必有雠"），发动政变，杀了奚齐。奚齐的师傅荀息拥立骊姬妹妹所生的公子卓为君，里克再发动政变，杀了卓和荀息。

公子夷吾抢先回国，成了晋惠公，有三个理由要杀里克：一、里克是重耳一党；二、里克当时掌握晋国政权；三、晋国舆论认为夷吾得位不正。于是他下令杀里克，一次解决三个问题。

历久弥新说名句

《孟子》诠释周武王伐纣："闻诛一夫纣矣，未闻弑君也。"意思是，只听说诛杀残民以逞的独夫纣，没听说弑君。

事实上，"弑"这个罪名，完全是以成败论英雄，如果是重耳（晋文公）先回国就大位，里克就不会被按上罪名。"篡"也一样，王莽失败了就是"篡"，赵匡胤成功了就是"顺天应人"。

名句可以这样用

南宋秦桧诬杀岳飞时，韩世忠诘问秦桧："岳飞谋反，有没有证据？"秦桧说："莫须有。"意思是不必有证据。也就是说，以前杀人还得有个"说法"，后来连说辞都省了！事实上，古今中外，绝大多数的政治狱，都是"莫须有"。

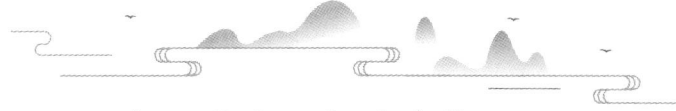

朝不及夕，何以待君

——时机紧迫痛下决心之谏

名句的诞生

齐人伐郑，孔叔[1]言于郑伯[2]曰："谚有之曰，心则不竞[3]，何惮于病[4]？既不能强，又不能弱，所以毙[5]也。国危矣，请下[6]齐以救国。"公曰："吾知其所由来[7]矣，姑少待我。"对曰："朝不及夕，何以待君？"夏，郑杀申侯[8]以说[9]于齐。

——左传·僖公七年（楚文王知申侯不免）

完全读懂名句

1. 孔叔：人名，郑国大夫。2. 郑伯：郑文公。3. 竞：强。不竞：不能逞强。4. 病：弱。此处解为"示弱"。5. 毙：用于国家是"灭亡"的意思。6. 下：求和、乞降。7. 由来：为何而来。8. 申侯：人名，申国国君将女儿嫁给楚王所生的儿子。先受宠于楚文王，后受宠于郑厉公。9. 说：同"悦"。

齐国出兵攻打郑国。孔叔对郑文公说:"国君之心既不能逞强以对,为何又不能对齐示弱?既不用强又不示弱,(一直拖下去)国家就要亡了。恳请向齐国求和以拯救国家。"郑文公说:"我知道齐国大军为何而来,你暂且等我一段时间。"孔叔说:"情况危在旦夕,哪有时间等待国君延迟决策?"到了夏天,郑国杀了申侯以取悦齐国。

名句的故事

申侯原本是楚文王的宠臣,文王临终对他说:"你的为人贪财又不满足,予取予求(语出此典),只有我能包容(其实是纵容)你。我死了以后,你赶快离开楚国,而且不可以去小国,因为小国无法保护你。"

申侯在楚文王死后,到了郑国,又获得郑厉公的宠爱。郑厉公死,郑文公不喜欢申侯,借此机会,对齐国说:"前次的误会都是申侯的谗言所致。"就杀了申侯。

这个故事,在孔叔是"提醒朝不及夕";在郑文公是面子问题,想要求和但不想委屈自己;在申侯则是处境"朝不保夕"。

历久弥新说名句

王莽乱政,人心思汉,天下群雄并起。割据成都的汉王(史称成汉)李寿犹豫该称王,还是称帝?找了算命仙来卜卦,说:

"可以有数年天子之命。"李寿的军师解思明劝他："只当几年的天子，怎么及得上百世的诸侯？"李寿说："朝闻道，夕死可矣。"于是称帝。

李寿远在四川，原本没有"朝不及夕"的危机，却为了过皇帝瘾，引致攻击，没几年就亡了。事实上，他反正是割据四川，称王、称帝对他而言，实质是一样的。

名句可以这样用

用朝夕为对比的成语很多，如朝生暮死、朝三暮四等。"朝闻道，夕死可矣。"是孔子的名言，意思是"早上得见施行仁政，即使晚上死了也无遗憾"，但是像李寿这种昏君，不但曲解孔子原意，更将自己的虚名摆在国家利益之上，不如早早归天算了。

匹夫无罪，怀璧其罪

——因贪而失国之鉴

名句的诞生

初，虞叔有玉，虞公求旃[1]，弗献[2]，既而[3]悔之曰："周谚有之：匹夫无罪，怀璧其罪。吾焉用此？其以贾[4]害也。"乃献。又求其宝剑，叔曰："是无厌[5]也，无厌将及我。"遂伐虞公。故虞公出奔共池[6]。

——左传·桓公十年（虞公贪求玉剑）

完全读懂名句

1. 旃：音zhān，作受词用，相当于"之"。2. 献：献出。弗献：不肯献出。3. 既而：随后。4. 贾：买。贾害：招致祸害，用法如"多言贾祸"。5. 厌：满足。同"贪得无厌"用法。6. 共池：地名。

在此之前，虞叔（国君称公，弟弟称叔）有一块美玉，虞公向他索取，虞叔起先不肯献出美玉，但随即后悔，说："周朝有一句谚语：一个人原本无罪，但是因为他拥有璧玉而获罪（因有财货，惹祸上身）。我要这块玉干什么，它只会带来灾祸而已。"于是向老哥献出美玉。到了今年（左传是编年纪事，这一年虞叔采取行动，而虞公求玉是之前的事），虞公又向老弟索取一把宝剑，这一次，虞公说："老哥的贪心没有满足的一天，最终仍会杀我。"于是出兵攻击虞公，虞公逃亡到共池。

名句的故事

虞国是公爵之国，但是到了春秋时代已经沦为小国。《左传》对虞国的记载很少，除了这一则之外，就是"唇亡齿寒"的典故。晋国以美玉和骏马贿赂虞公，借道灭了虢国，班师时"顺道"灭了虞国。

前后两个"虞公"应非同一人，但已可窥见虞国的主政者有着"贪"的血统，终于因贪而亡国。

历久弥新说名句

宋国有一个人得了一块"璞"（尚未切割琢磨的玉原石），拿去献给宰相子罕，说："我已经请玉匠鉴定过了，这的确是一块宝玉，才敢拿来献给您。"

子罕不接受，说："我以'不贪'为宝，你以美玉为宝，如果送给了我，我们两个都失去了自己的宝，不如各自仍怀抱自己的宝吧！"

那人说："我是个平民，拥有这块宝玉，连外乡都不敢去（恐为盗贼所害），献宝是为了免于祸害啊！"子罕于是安置他在自己的邻里，并请玉匠切割、琢磨那块璞，等那个人卖掉宝玉、发了财，才让他回家乡。

名句可以这样用

宋国那位献宝人都懂得"匹夫无罪，怀璧其罪"的道理，虞公却为了贪欲而丧失了国家，这才是真正的"愚公"了！

人各有偶，齐大非偶
——小国依赖大国非福的避祸之策

名句的诞生

北戎伐齐，郑太子忽帅师救齐，大败戎师。公[1]之未昏于齐也，齐侯[2]欲以文姜[3]妻郑太子忽，太子忽辞。人问其故，太子曰："人各有耦[4]，齐大，非吾耦也。《诗》[5]云：自求多福，在我而已，大国何为[6]？"

——左传·桓公六年（公子忽辞昏[7]桓公）

完全读懂名句

1. 公：鲁桓公。《春秋》是鲁史，《左传》中单称"公"者，皆指本国（鲁）君。2. 齐侯：齐厘公。3. 文姜：齐厘公的女儿，后来嫁给鲁桓公。4. 耦：同"偶"，配偶。5. 诗：《诗经》。6. 何为：何必倚大国为重。7. 昏：同"婚"。

北方的戎族攻打齐国，郑国太子郑忽率郑军援救齐国，大败戎军。在鲁桓公未与齐国通婚之前，齐桓公本有意将文姜嫁给郑忽为妻，郑忽婉谢了。有人问郑忽为什么（放弃结交大国的好机会）？郑忽说："结婚要门当户对，齐国太大，不是郑国通婚的对象。《诗经》上说：人要自求多福。求福得靠自己，何必倚重大国？"

名句的故事

郑忽是郑庄公的太子，当时庄公三个儿子都想争君位，因此郑国大夫祭仲（即前文中那位"有人"）对郑忽说："你没有大国的外援，恐怕不利竞争国君大位。"但是郑忽未接受。后来庄公逝世，郑忽继位为郑昭公，却因宋庄公支持他的外孙郑突（郑庄公次子），造成郑忽逃亡出国，郑突就位成为郑厉公。

《诗经》有一首《有女同车》，就是郑国人感叹郑忽不结交大国而失位所作。然而，郑忽的决定仍然是对的，下文有详细的描述。

历久弥新说名句

鲁桓公娶了文姜，后来带文姜一同到齐国访问，当时齐国国君是齐襄公，原本就和文姜（异母妹）有奸情，这一次鲁桓公送上门来，旧情复燃。鲁桓公不甘戴绿帽，对文姜发脾气（史书只记载一个字"怒"，不知有没有动手），文姜向齐襄公诉苦，齐襄公就在一次宴会上，命令齐国有名的大力士彭生，抱住鲁桓公，拉断了鲁桓公肋骨而致死。

郑忽说的"齐大非偶"就是避免了这种祸事，否则鲁桓公的下场有可能降临在他身上。然而，郑忽因缺乏外援而失位也是事实，那怎么样才对呢？

多行不义必自毙
——纵欲养恶之策

名句的诞生

（祭仲）对曰："……无使滋蔓[1]，蔓难图[2]也。蔓草犹不可除，况君之宠弟乎？"公曰："多行不义必自毙[3]，子姑待之。"

——左传·隐公元年（郑伯克段于鄢[4]）

完全读懂名句

1. 滋蔓：指草木蔓延生长。2. 难图：难以消除的意思。3. 自毙：自取灭亡。4. 鄢：音 yān，国名，春秋时代周属国之一，后为郑所灭。

（祭仲劝谏郑庄公，不可任令弟弟叔段坐大）："不能任令情势如草之滋长蔓延，一旦蔓延将难以处理。野草滋蔓尚且难以清除，何况是受宠难制的国君弟弟？"郑庄公说："（叔段）做了很多不义之事，将自取灭亡，先生暂且等待一段时间吧！"

名句的故事

郑庄公的母亲偏爱小儿子叔段，一再为小儿子请求更多封邑，于是叔段渐渐坐大。郑国大夫祭仲、公子吕等一再请求"处理"叔段，庄公都安抚他们"再等一等"。

终于，叔段完成了作乱准备，并且联络母亲为内应，将要偷袭郑国都城。而庄公早已掌握叔段动向，乃下令："可以行动了。"出兵讨伐叔段，叔段逃亡国外，庄公并将母亲放逐到外邑，发誓"不到黄泉不相见"。

后来，庄公又后悔放逐母亲，但却又不敢违背誓言，幸得颍考叔献计：挖一条隧道直到地下水层（黄泉），然后母子在地道中见面，恢复母子之情。

历久弥新说名句

后人对郑庄公的作为有持否定之论者，认为郑庄公是刻意"纵欲养恶"，让弟弟的恶行持续累积，然后才一举消灭，并且沽名钓誉让人们认为他是"仁至义尽"，其实是"用心至险"。

但是对照另一个故事：唐朝睿宗时，太平公主意图政变，姚崇、宋璟进谏："将公主移往东都洛阳。"睿宗说："朕已无兄弟（被武则天除光了），只有这么一个妹妹，只希望每天朝夕能见一面，你们就别再提了。"其结果是姚崇、宋璟被外放，而太平公主果然发动政变，失败被诛。唐睿宗用心是"仁厚"的，但是姑息的结果，并不能够保住他的妹妹，而郑庄公的"姑待"与唐睿宗的"姑息"，哪一个比较好呢？

名句可以这样用

"多行不义必自毙"出自郑庄公之口，意思是有所准备而等待时机，是正面且积极的；后世引用却有"等着瞧吧，干多了歹事，一定不会有好下场的"的意思，就是负面且消极的了。

明代的文嘉作了一首《明日歌》："明日复明日，明日何其多……"这两句我们琅琅上口，但他还有一首《今日歌》，起首二句是："今日复今日，今日何其少……"后面有二句"若言姑待明朝至，明朝又有明朝事"——如果总是"姑待"不义者自毙，只怕善良百姓先活不下去了！

名句可以这样用

"齐大非偶"是一种有志气且有自知之明的表现，但必须具备"自求多福"的原则。如果本身不能自立自强，却又嘴硬不倚仗外援，那就只是逞强而已了。

领导统筹之策

一枭之不如，不胜五散
——授权下属之策

名句的诞生

臣闻之，贲、诸[1]怀锥刃而天下为勇，西施衣褐[2]而天下称美。今君相万乘之楚，御中国[3]之难[4]，所欲者不成，所求者不得，臣等少[5]也。夫枭棊[6]之所以能为[7]者，以散佐之也。夫一枭之不如，不胜五散，亦明矣。今君何不为天下枭，而令臣等为散乎？

——战国策·楚策

完全读懂名句

1. 贲、诸：孟贲与专诸，二人皆古之勇士。2. 衣：动词，穿。褐：粗布衣裳。3. 中国：中原诸侯。楚被视为南方。4. 难：兵难，武力侵犯。5. 少：出力少，没贡献。6. 棊：同"棋"、"碁"。枭：古时棋戏中首脑之棋子，如象棋中的将帅。"枭雄"

指群雄之首。7. 能为：能胜、有力量。

我听说，孟贲、专诸等勇士即使只身怀匕首，天下人仍认为他是勇者；西施即使穿着粗布衣裳，天下人仍认为她是美女。如今阁下担任万乘之楚国的宰相，负责抵御中原诸国的侵犯，却不能得到心中所想要的（意指未获天下人之称赞与声誉），那是因为臣等出力太少的缘故（说是自己不才，其实是指春申君不下放权力）。拿下棋来比喻的话，"枭"之所以胜利，是因为有其他散棋帮助，所以，一个"枭"不如五个散棋的战力，道理就很明显了。阁下何不做天下的"枭"，让我们担任散棋呢？

名句的故事

这是说客唐且对楚相春申君黄歇的进言。

战国四大公子：齐孟尝君、赵平原君、魏信陵君、楚春申君都以"争（礼遇）下士、宾客"著称。然而，由《史记》对四人的记载观之，孟尝君有冯谖"市义"、有"鸡鸣狗盗"；平原君有毛遂"三寸之舌，强于百万之师"；信陵君有侯嬴、朱亥为他盗符夺兵。只有《春申君列传》没有门下宾客表现的记载，其可能性有二：一是春申君养了一群酒囊饭袋，一是他不肯下放权力。以本章观之，应属后者。

也因此，四大公子当中，春申君的下场最差。（详见"无妄之福，无妄之祸"一章）

历久弥新说名句

人类社会愈进步，分工授权就愈重要，甚至连古棋都演化为象棋——将帅不出宫，而由"车马炮"在外面冲锋陷阵。

三国时的曹操，被当时"月旦人物"出名的许邵评为："治世之能臣，乱世之枭雄。"也就是说，若生在太平治世，会成为能干的大臣；若逢乱世，将成为群雄当中的"枭"——此所以曹操"闻之大喜"，因为他正逢乱世！然而，曹操以唯才是用著称，一"枭"已经够强，还能得众散棋之助，难怪曹操建立了大业。

名句可以这样用

现代较常用的类似意思句子有"一个诸葛亮，不如三个臭皮匠"，或"三个臭皮匠胜过一个诸葛亮"，都是众人之智胜过一人英明的意思。

不为爵劝，不为禄勉
——君王好贤臣子尽忠之策

名句的诞生

彼有廉其爵、贫其身，以忧社稷者；有崇其爵、丰其禄，以忧社稷者；有断脰[1]决腹[2]、壹瞑而万世不视[3]、不知所益[4]，以忧社稷者；有劳其身、愁其志，以忧社稷者；亦有不为爵劝，不为禄勉[5]，以忧社稷者。

——战国策·楚策

完全读懂名句

1. 脰：音dòu，颈部。断脰：砍脑袋。2. 决：同"绝"。决腹：切腹、腰斩。3. 壹瞑而万世不视：眼睛闭上就此长眠不醒，视死如归之意。4. 益：利益。不知所益：不为自己求利益。5. 劝、勉：皆"受鼓励而努力"之意。

有为官清廉、两袖清风，而忧国忧民的（官员）；有身居高位、享受厚禄，而忧国忧民的；有不怕砍头、不怕腰斩、视死如归，完全不追求一己之利，而忧国忧民的；有劳其筋骨、苦其心志，而忧国忧民的；也有不因为官爵、俸禄而忧国忧民的。（他们的动机各不同，但是忧国忧民都一样，不应有高下之分。）

名句的故事

楚威王问莫敖（官名）子华，从最早的祖先楚文王到现在，有没有不为官爵、利禄而仍忧国忧民的臣子呢？这番问话显示，当时楚国朝廷都是那种"争权攘利"的货色。

子华不能回答国君说："追逐名利是人的天性，不为名、不为利而仍忧国忧民，其实是稀有动物！"于是只好用前述说法，并且举例说明：

令尹（官名）子文穿着粗衣，每天早朝晏退，家里没有一个月的储蓄，这是清廉自守而忧国忧民的典型。

叶公（封邑在叶城）子高平定内乱、威名镇慑诸侯而不受外患，食禄六百畛（约一千亩），这是高爵厚禄而忧国忧民的典型。

莫敖（官名）大心冲锋陷阵、抛头颅洒热血，不追求自己的利禄，这是视死如归而忧国忧民的典型。

棼冒（官名）勃苏在楚王蒙难时，走路七天七夜到达秦国，在秦国宫廷哭了七天，滴水、粒米未进，终于讨回救兵，匡复国土，这是劳苦身心而忧国忧民的典型。（这个故事就是"申包胥哭秦廷"。）

领导统筹之策

143

吴军攻入郢都（伍子胥报仇），楚国君臣四散逃难，楚人蒙谷收拾宗庙里的政府档案，运到船上收藏。等到楚王回朝，蒙谷献上典籍，才能迅速恢复施政秩序。楚王要封他执圭（爵位名），给他食邑六百畛，蒙谷说："我并不是王的臣子，而是国家的臣子。"他不接受，并进入山中隐居。这是不为官禄而忧国忧民的典型。

子华的结论是：君王若喜欢贤臣，上述五种贤臣都可以得到而任用——只要臣子能忧国忧民，为国君、社稷、人民贡献心力，他们是否追求权力、官禄，就不是重点。

历久弥新说名句

宋朝和明朝各有一位神宗，两位神宗各任命了一位宰相王安石与张居正进行大规模改革，但是王安石和张居正的作风却截然不同。

王安石十九岁时父亲过世，全家数十口人的生活顿时陷入困境，经常以野菜充饥。因此，王安石对社会上的贫富悬殊，农民大众"丰年仅得温饱，凶年不免于死亡"的劳苦，有着深切体认。因此，他的作风就是不修边幅，有一次还被神宗皇帝在他的胡须旁抓下虱子！

张居正家世虽不显赫，但是他从小就被视为神童，受到湖广巡抚顾璘的器重，说："此子将相才也！"二十三岁就中了进士，入了翰林院，成为"储相"。所以他少年得志，宦途一路顺风，尽管他整饬吏治，要求官吏清廉政风，但是他本人的私生活却非常奢侈，积聚了许多书画艺术品和珍玩古董，家里还养了很多歌伎。

然而，不修边幅或居家奢华，都无损他二人的推动改革与忧国忧民之心。重点在于二位神宗皇帝都有心要做大改革，也能任用有能力且忧国忧民的宰相。

名句可以这样用

"政"是众人之事，"政治"是管理众人之事。因此，管理学必定得符合人性才行得通。也就是说，政令必须符合人性，老百姓才能接受。公务员也要有"动机"，才能努力办公家的事，所谓动机，一是官职，二是俸禄。所以，要求公仆"枵腹从公"是违反人性的，要求他们"宵旰（早晚）勤劳"则属合理。"不为爵劝，不为禄勉"真的是稀有动物，而且很容易绝种！

见可而进，知难而退

——三军一心共担责任之策

名句的诞生

晋师救郑，及河，闻郑既[1]及楚平[2]，桓子[3]欲还，曰："无及于郑而剿[4]民，焉用之？楚归而动，不后。"随武子[5]曰："善。……见可而进，知难而退，军之善政也，兼弱攻昧[6]，武之善经[7]也。"彘子[8]曰："不可。晋所以霸，师武臣力也。……由我失霸，不如死。"韩献子[9]曰："子为元帅，师不用命，谁之罪也。……事之不捷，恶有所分，与其专罪，六人同之，不犹愈[10]乎？"师遂济[11]。

——左传·宣公十二年（荀林父知难冒进）

完全读懂名句

1. 既：已经。2. 平：投降。3. 桓子：晋大夫荀林父。4. 剿：杀也。5. 随武子：晋大夫士会。6. 兼：兼并。昧：昏而不明。兼弱攻昧：兼并弱国，攻打乱国。7. 经：法则。8. 彘子：晋大夫先谷。9. 韩献子：晋大夫韩厥。10. 愈：胜。11. 济：渡河。

晋军援救被楚军攻打的郑国，军队到达黄河边，接获情报郑国已经投降，元帅荀林父就准备班师，说："已经救不到郑国，进军徒然牺牲人命，何必呢？如果楚军再有行动，我们再进兵不迟。"

士会说："对啊。……看见时机可以而进兵，知道困难而退军，兼并弱国、攻打乱国，这正是兵家的至高法则。"

先谷持不同意见："晋国之所以称霸，全仗军队之威与群臣尽力。……如果霸业从我们手中失去，不如战死。"

韩厥道："阁下身为元帅，如果大军无功而返，责任归谁？（归元帅一人）……即使进军而不能取胜，恶名将由三军分担。与其一人扛下所有罪名，不如三军六将共同负责，不是比较好吗？"于是大军渡河。

名句的故事

晋国有上、中、下三军（三个兵团），中军将荀林父兼远征军统帅，中军副将就是先谷，上军将士会、副将郤克，下军将赵朔、副将栾书，也就是前述的三军六将。

由前述决策过程可知，荀林父是一位优柔寡断的统帅，部下左一言、右一语，就改变了他原先的决定。

这一次进军，碰到的对手是春秋五霸之一的楚庄王，以及刚打完胜仗、士气正高昂的楚军，结果"晋楚邲之战"成为扭转国际局势的重要一役。晋军大败，撤退时争相渡河，已上船者拔刀砍断攀在船边同袍的手指，《史记》记载"舟中人指甚众"。

败军之帅荀林父自请死罪，晋景公原本想要批准，但后来听了大夫士渥的劝谏，不但没杀荀林父，并且仍让他担任中军将——或许，这是韩厥当初献策的功劳，但是，不打这一仗，晋国的霸主威名可能不会毁于一旦。不过话说回来，这样荀林父的中军将却真的可能得下台；易言之，韩厥保住了老板官位，却害了国家。

历久弥新说名句

然而，那位有勇无谋的中军副将先谷所说"晋所以霸，师武臣力也"，却是至理名言——群策群力才是国家强盛最大本钱。

八年之后，晋军在一次战役中击败齐国，诸将进宫晋见国君时，上军将范文子故意迟到；晋景公嘉奖中军将郤克，郤克推崇是"诸将之力"；下军将栾书也说是"士卒用命"。以前能"有罪同担"，后来能"有功互让"，显见晋国的执政团队向心力极强，不争功、不诿过，于是造就之后的晋悼公在五霸之后重建霸业，晋国成为春秋中期的唯一霸王。

名句可以这样用

"见可而进,知难而退,兼弱攻昧"的原则,用白话俗语就是"柿子拣软的吃";"由我失霸,不如死"颇有气概,用军中俗语讲就是"怕死不当兵"。孰对?孰不对?还真难论定。暴虎冯河固然经常招致灾难,但若只会欺负弱小,不能抑强扶弱,那就称不上霸王,只是"恶霸"而已!

战胜于朝廷

——不战而称霸诸侯之策

名句的诞生

令初下,群臣进谏,门庭若市;数月之后,时时而间[1]进;期年[2]之后,虽欲言,无可进者。燕、赵、韩、魏闻之,皆朝[3]于齐。此所谓战胜于朝廷。

——战国策·齐策

完全读懂名句

1. 时时而间:不时或偶尔。2. 期年:一年。3. 朝:朝贡、称臣。

齐威王的命令下达之初,群臣争相进谏,使得宫门和前庭有如市场一般(形容人多);几个月以后,偶尔还有人进谏;一年以后,虽然还有人想要进谏,却已没有题目可做了。燕、赵、韩、魏四国听说(齐国大治,施政无缺失),都向齐威王朝贡。

这就是所谓的"在朝廷上战胜数国"。(内政修明,人心团结,国家一定强。)

名句的故事

齐威王下达什么命令?他的命令是:"群臣、官吏、百姓,能够当面指出寡人过错者,受上赏;上书谏言者,受中赏;街头巷议得到政府采纳者,受下赏。"有赏且无罪,当然抢着进谏。

齐威王为何下此令?因为宰相邹忌对他说:"齐国既大又强盛,大王宫中嫔娥和侍臣都有求于大王,群臣都畏惧大王,所以大王一定被蒙蔽得很厉害。"于是威王下达"求谏令"。

邹忌为何向国君进言?因为他的妻妾、宾客都说他比城北徐公还要英俊,可是他自己对着镜子,怎么看都比不上城北徐公,于是觉悟"妻妾都想讨好我,宾客都有求于我",因而昧着良心说好听的话。邹忌将此事告诉齐威王,借以点醒国君"听谏以除弊"。

历久弥新说名句

进谏者有赏,各种批评必定大量涌至。然而,几个月以后数量骤减,一年以后不再有题目,意味着一件事:所批评之事,都已获得改善!

齐桓公和管仲一同出游,途中看到一个废城墟,桓公问:

"这是什么?"管仲回答:"这是从前郭公(郭国之君)的城址。"

桓公:"郭公的作风如何?"管仲:"郭公善善恶恶。"(郭公喜欢善事,厌恶坏事。)

桓公:"善善恶恶怎么会亡国?"

管仲:"因为郭公善善而不能行(不去行善),恶恶而不能去(无法除恶)。"

奖励谏言,重在革除弊端,否则就是白讲。若仅止于听谏而不能力行以兴利除弊,天天有人讲一样的事情,听多了也会烦!

名句可以这样用

古代名将"不战而屈人之兵",就是以信义、军纪为武器,敌人自忖打不赢,而不敢来犯。"战胜于朝廷"则不限于军事范畴,只要内政修明,外交是内政的延长,军事是外交的手段,就会有"在朝廷上战胜敌国"的效果。

君臣无礼，而上下无别

——礼遇重臣以免贰心之策

名句的诞生

安平君之与王也，君臣无礼[1]，而上下无别，且其志欲为不善[2]。

——战国策·齐策

完全读懂名句

1. 无礼：不守君臣之间的礼节。2. 不善：坏事，意指"谋反"。

安平君（田单）事奉大王，不守君臣之间应有的礼节（分际），造成君主和臣下没有分别，而且他的内心是想要谋反篡位。

名句的故事

田单打败燕军，恢复齐国失地，齐国人都以为田单会自立为王，但是田单迎接王子田法章即位，是为齐襄王。襄王则任命田单为宰相，号安平君。因此，田单的声望有凌驾国君之势乃理所当然，而齐襄王身边的佞臣经常在他面前"打针下药"，前述就是其中一次，而佞臣诋毁忠良，最常见就是"诬以谋反"。

齐襄王听了前述"小话"，有一天，下令："叫宰相（田）单来见我。"田单取下帽子（披发）、脱了鞋子、袒露上身晋见（请罪的标准动作），自请死罪。过了五天，襄王对田单说："阁下并无罪，只不过希望阁下守臣子之礼，我则守君王之礼而已。"

齐国大夫貂勃出使楚国归来，齐襄王摆酒筵款待他，酒酣耳热，襄王吩咐："叫宰相单来。"貂勃离开座位向襄王行礼，说："大王怎么会说出这种亡国之语？想当年，周文王礼遇吕尚，称他为太公；齐桓公礼遇管仲，称他为仲父；但是大王今天却'单、单'直呼安平君的名字。自古以来，有哪一个臣子的功劳比安平君更大？当年若不是安平君迎接大王与王后，大王哪能君临齐国？如今大王直呼其名，即使婴儿的智能也不致如此（愚蠢）。"齐襄王猛然醒悟，下令诛杀九位诽谤田单的佞臣。

历久弥新说名句

开国君主如刘邦、朱元璋得天下后诛杀功臣，因为他俩是赤手空拳打下来的天下，而那些一同打天下的"兄弟"没规矩惯了，以至于"君臣无礼，上下无别"，不杀掉难以治国。

豪族出身的开国君主如李世民、赵匡胤得天下之后，都能礼遇功臣，或"杯酒释兵权"，因为这些功臣不是"兄弟"，本来就是家臣、家将，规矩始终维持。

齐襄王是极为独特的例子，他的天下是田单拱手送上的，根本没有和田单翻脸的余地，其处境差可比拟的是唐代宗和郭子仪。

郭子仪是平定"安史之乱"的名将，当时的唐皇室中衰，藩镇跋扈、外患嚣张，朝廷使唤得动的藩帅几乎全都是郭子仪的部将，回纥人只听郭子仪的，契丹与吐蕃则只畏惧郭子仪。郭子仪爵封汾阳王，儿子郭暧则娶了代宗的女儿升平公主，可以说当时唐王朝是郭子仪一个人撑起来的。

有一天，郭暧和升平公主小两口吵架，公主说："我老爸是天子耶！"郭暧说："我老爸才不稀罕当天子！"

公主一气之下进宫告状，代宗对女儿说："郭暧说得不错。如果他老爸想当天子的话，皇位哪轮得到我们家呢？"说完，命令女儿回家。

郭子仪听说此事，急忙将郭暧绑起来，专车送进宫中待罪。唐代宗见了郭子仪，说出一句名言："不痴不聋，不为家翁（大家长）。儿女子闺房之言，何足听也？"平息了这场风波。

唐代宗运气好，郭子仪一丝丝篡位之心都没有，所以能当他的现成皇帝，同时也因为这位皇帝"识相"，所以和郭子仪之间得以和平共存。

齐襄王运气更好，田单基本上是齐王同族，当时齐闵王已死，田单复国后，自立为王也没啥不可以，他能迎立襄王而且毫无贰心,的确前无古人后无来者。齐襄王不是唐代宗那种懦弱之主,幸亏有貂勃进谏,他又能顿悟前非,才没有逼反田单。

名句可以这样用

话说回来,历史上那么多权臣篡位的事例,莫不都肇因于"君臣无礼,上下无别"。权臣一再要求加封,皇帝则节节退让,直到"加九锡、假黄钺"——同皇帝仪仗,既然距皇位只差一步,局面也在掌握之中,那何不自己当起天子呢?所以,皇帝该不该"忏悔"?其实没有一定,得看情况。

一鼓作气，再而衰，三而竭

——掌握气势消长之策

名句的诞生

齐鲁战于长勺[1]。公[2]将鼓[3]之，刿曰："未可。"齐人三鼓，刿曰："可矣。"齐师败绩[4]，公将驰[5]也，刿曰："未可。"下视其辙[6]，登轼[7]而望之，曰："可矣。"遂逐齐师。既克[8]，公问其故，对曰："夫战，勇气也。一鼓作气，再而衰，三而竭。彼竭我盈，故克之。夫大国难测也，惧有伏焉。吾视其辙乱，望其旗靡，故逐之。"

——左传·庄公十年（曹刿论战）

完全读懂名句

1. 长勺：地名。2. 公：鲁庄公。3. 鼓：古时"击鼓进军，鸣金收兵"，战场上人马杂沓，以鼓声和锣声指挥部队进退。4. 败绩：阵地溃散。5. 驰：驰车追击。6. 辙：车轨迹。7. 轼：

车前横木。8. 克：打胜仗。既克：打赢，且战斗告一段落后。

齐国和鲁国在长勺交战。鲁庄公想要下令击鼓进军，曹刿表示"还不行"；等到齐军擂鼓三通，曹刿才确认"可以了"。齐军阵地崩溃，鲁庄公想要驰车追击，曹刿说"还不行"；他下车检视齐军车辙，再登上车轼远望一番，才认为"可以了"，果然将齐军赶出国境。清理战场时，鲁庄公问曹刿是基于什么因素来决定"可以或不可以"，曹刿回答："两军对阵靠军队的勇气，第一通鼓响起时，士卒勇气饱满，第二通时就弱了，等到第三通鼓，气已经泄得差不多了。趁敌军气泄之时，我军打第一通鼓，士卒充满勇气，所以打赢对方。然而，齐是大国，可能设有伏兵，我看他们的车辙纷乱、旌旗委靡，是真败，而非诈退，所以才放心追击。"

名句的故事

曹刿随同鲁庄公出战之前，君臣间尚有一段对话：

曹刿问："鲁国凭什么可以和齐国一战？"鲁庄公先表示"衣食和人民共享"，曹刿认为那只是"小惠"，而且并不能遍及全民，不足以战。

庄公再提出"祭祀时不敢增加牺牲，必定依照制度来"，曹刿仍然认为那是"小信"，不足以令全民愿意上战场。

庄公再说"司法审判必定力求公正"，曹刿这下子认同了，于是随同鲁庄公出战。

《东莱博议》评论这一段时认为,"狱死地也,战亦死地也",老百姓视入狱为性命交关的事情,执政者平时能为人民死活着想,到了战时,人民才肯为国君拼命。易言之,若政府平时不顾人民死活,到了战争临头,人民当然不愿意为国君打仗。

历久弥新说名句

战国时,秦军攻打赵国的阏与,赵王召见老将廉颇,廉颇说:"阏与这地方,路途远,道路又狭,不易作战。"赵王再召见乐乘,回答也差不多。

最后,赵王召见赵奢,赵奢说:"地远而路狭是事实,然而在那种地形作战,好比两只老鼠在地下穴道中相斗,彼此都无退路,比较勇敢的一方就会获胜。我认为,必须派一位勇敢的将领去作战。"

于是赵王派赵奢领兵驰援阏与。赵奢离开邯郸三十里,就深沟高垒不再前进,一连二十八天不动如山,并且禁止部下主张进兵,违者处斩。直到军营中抓到一个秦军奸细,赵奢善待他,并且放他回去。然后赵奢下令全军拔营出动,日夜兼程,两天一夜后到达阏与,双方会战,赵奢大破秦军。

另一个故事是秦国大将王翦带兵攻打楚国,到了前线,王翦深沟高垒、坚壁不出,楚军挑战也不响应。这一段日子里,让将士吃得好、睡得好、沐浴充分。

直到有一天，王翦问部将："士兵都在干些什么（以打发无聊日子）？"

部将回答："都在比投掷石头，谁投得远就赢。"

王翦说："士卒可用了。"

楚军面对不动如山的秦军，等得不耐烦，准备撤军回国。楚军一动，王翦立即发动猛攻，杀了楚军统帅项燕（亦即项羽的族长），一年多的时间，灭了楚国、虏回楚王。

名句可以这样用

赵奢和王翦都是运用了"彼竭我盈"的战术，以"一鼓作气"的军队攻击"再衰三竭"的敌手，而赢得决定性的胜利。

挟天子以令天下

——威镇天下之策

名句的诞生

（张仪）对曰："……据九鼎[1]，按图籍[2]，挟天子以令天下，天下莫敢不听，此王业也。"

——战国策·秦策

完全读懂名句

1. 九鼎：指夏禹时，以九州贡金铸成的鼎，在夏、商、周三代是象征国家政权的传国宝器。2. 图籍：地图户籍。

张仪说："得到九鼎（政权的正统），掌握天下地图户籍，再假借周天子的名义号令天下，天下诸侯谁敢不服从？这是王天下的大业啊！"

名句的故事

秦惠王有心争胜天下，于是征询大臣意见，决定战略方针。司马错和张仪展开一场辩论，司马错主张先攻蜀（四川），张仪主张先攻韩（山西），也就是南进和东进的战略辩论。

张仪认为，直取中原才是王业的正道，而西蜀是边区、戎狄之地，他提出"争名者于朝，争利者于市"，而周王室与中原之地是"天下之朝市"，攻打西蜀则是"绕远路"了。

司马错则认为，以秦攻蜀就如"使豺狼逐群羊"那般容易，而且得地、得财却不惊动中原诸侯，是扩张实力而无风险的战略；问鼎中原反而是迫使诸侯联合抗秦的危险战略。

秦惠王最终裁决，采纳司马错的战略，秦国取得蜀地之后，国力更强，再用张仪"远交近攻"之策，蚕食六国、一统天下。

历久弥新说名句

东汉末年群雄并起，曹操后来能够削平北方群雄，很重要的一个因素是手中握有汉献帝这张王牌，能够挟天子以令诸侯，而他的头号敌人袁绍却坐失良机。

袁绍是各路诸侯起兵围剿董卓的"诸侯长"，在董卓失败之后，有人劝他迎回落难的汉献帝，可是他心里想的却是"正好借此机会抛弃掉这个名存实亡的无用皇帝"，以为皇帝不在了，就属他最强大，因此没有采取任何行动。

曹操的谋士荀彧则建议曹操："从前晋文公安定周襄王，诸侯因而服从；汉高祖为义帝发丧讨伐项羽，赢得天下归心。如今天子蒙尘，我们应该赶快奉迎天子，若迟了，他人将捷足先登！"曹操采纳这个建议，成就了大业。

对照秦惠王和曹操的故事，孰对？孰不对？很难说。只不过，秦惠王可以先攻蜀，徐图东进；曹操则身处四战之地，实力又非最强，时间、空间都没有弹性，不能慢慢来。

名句可以这样用

张仪和司马错的辩论非常精采，不但双方论理精辟，且其中名句甚多，除了前面引述过的几句，还有"欲富国者，务广其地；欲强兵者，务富其民"、"一举而名实两附"等，有兴趣的读者不妨将原文全篇细读。

去邪无疑，任贤勿贰

——推心置腹之策

名句的诞生

寡人以王子为子任，欲子之厚爱之，无所见丑[1]。御道[2]之以行义，勿令溺苦[3]于学。事君者，顺其意不逆其志；事先[4]者，明其高不倍[5]其孤。故有臣可命，其国之禄也。子能行是，以事寡人者毕[6]矣。书[7]云："去邪无疑，任贤勿贰[8]。"寡人与[9]子，不用人[10]矣。

——战国策·赵策

完全读懂名句

1. 见丑：嫌弃。2. 御道：引导。3. 溺苦：陷入（死读书）痛苦。4. 先：先人、先君。5. 倍：同"背"，背叛、辜负。6. 毕：完成。7. 书：《周书》。8. 贰：贰心。9. 与：托付。10. 人：他人。

（赵武灵王对周绍说）寡人将王子托付给阁下，希望你好好教导他，不要嫌弃。引导他走正路，但不要让他读死书。事奉国君的人要体会国君的意志，不可违背；事奉先王的人要彰显先王德政，不辜负遗孤。所以说，有大臣可以托付重任，是国家的福气。阁下能做到以上所说，就是完成寡人交付的任务了。《周书》上说："去除邪恶不能迟疑，任用贤能不存贰心。"寡人将（太傅）重任托付给阁下，不考虑其他人了。

名句的故事

赵武灵王任命周绍为王子赵何的太傅，可是周绍不赞成"胡服"改革（参考"法古不足以制今"一文），要武灵王另请高明。于是武灵王对周绍说出前述推心置腹的话，一方面给他戴高帽子，除他之外不做第二人想；二方面要他"顺其意不逆其志"，加入"胡服"行列；三方面要他"不让王子读死书"，也就是不拘泥古礼俗、制度，以后仍能贯彻"先王"的政策。

周绍终于答应，于是赵武灵王赐给他胡服冠带，让他穿着胡服教导王子。

历久弥新说名句

武灵王"用贤不贰"，可是传位给儿子却有"贰心"。他起初立长子赵章为太子，后来又废太子，改立前述那位王子赵何为太子。接着又传位给赵何（赵惠文王），自己统率三军号称"主父"（君主之父、太上皇）。

可是主父看见长子向弟弟叩拜称臣，又觉心中不忍，因而有意将国土分成两块，让两个儿子分治。结果惠文王发动兵变，将老爸围困在沙丘宫，最后饿死。

名句可以这样用

"用人不贰"已经成为领导者的圭臬，充分授权更是分层负责的精义。然而，充分授权的先决条件是用人得宜，若是人品不好、专长不符、才能不足者，充分授权反而变成灾难。所以，本句任"贤"不贰才是正确。

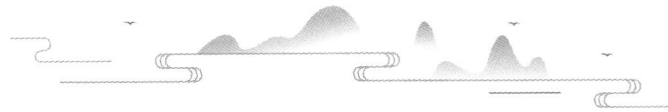

舌以柔存，齿以刚亡

——至柔胜至刚之理

名句的诞生

（常摐[1]）张其口而示老子[2]曰："吾舌存乎？"老子曰："然！""吾齿存乎？"老子曰："亡[3]！"常摐曰："子知之乎？"老子曰："夫舌之存也，岂非以其柔耶？齿之亡也，岂非以其刚耶？"

——说苑·敬慎

完全读懂名句

1. 常摐：人名。考证以为是商纣王时大夫商容，因直谏而被贬。2. 老子：名李耳，道家始祖。3. 亡：同"无"。牙齿没了，掉光了。

常摐张开嘴巴让老子看了看，然后说："我的舌头在吗？"老子说："在啊！"常摐又问："我的牙齿在吗？"老子说："没了！"

常摐问："你明白个中道理吗？"老子说："舌头依然存在，莫非是因为它柔软吗？牙齿掉光了，莫非是因为它刚强吗？"

名句的故事

《说苑》这一节谈治国的刚、柔之道，先借老子去探常摐的病引出主题，再以晋国大夫韩平子与叔向的对话申论：牙齿掉落，而舌头长存，是"天下之至柔，驰骋乎天下之至刚"，并且旁证以"人的身体活着时柔软，死了变刚硬；草木活着时柔嫩，死了变枯槁"，以推论柔能生，而刚招亡。最后再以齐桓公的话做结论："金属刚强则折断，皮革刚强则龟裂，人君刚强则国家灭，人臣刚强则交友绝。"

历久弥新说名句

刚强易折的道理大家都懂，事缓则圆的道理大家也懂。但是，柔一定能克刚吗？却未必尽然。

战国时，齐襄王（田单复齐时拥立之王子田法章）的王后贤明，在襄王死后垂帘听政，时称"君王后"。她对强大的秦国采取低姿态，对其他诸侯以诚信交往，因此，齐国有四十多年未发生战争。

秦昭王曾经派使者送一组玉连环去齐国，说："听说齐国能人很多，有谁能解开这玉连环吗？"君王后让群臣传观那玉连环，没有人会解。于是君王后叫人拿来木槌，一家伙将玉连环击碎，对使者说："这就解开了嘛!"

君王后以"柔道"应付秦国，可是低姿态不能被对方视为软弱，软弱只会招来更多屈辱。

秦昭王送玉连环来，用意不明，很可能那位使者已经学会解法。如果齐国满朝文武都不会解，而秦国使者当场解开，那不但是对齐国士气的打击，也会让秦国使者气焰嚣张，这是一场迫在眉睫的外交危机。

君王后一槌子敲碎玉连环，就是一种"刚强"的表现，很可能化解了一场危机，至少维持了国家的尊严。她称得上是"刚柔并济"了。

名句可以这样用

今日科学发达，我们知道"舌以柔存，齿以刚亡"是不符合医学原理的。然而，至柔能胜至刚的道理仍然正确，尤其对方若是"至刚"达到我方无法力抗的地步，"柔道"可能是唯一的方法。

末大必折，尾大不掉

——地方凌驾中央之鉴

名句的诞生

王[1]曰："国有大城，何如？"对曰："郑京栎实杀曼伯[2]，宋萧亳实杀子游[3]，齐渠丘实杀无知[4]，卫蒲戚实出献公[5]。若由是观之，则害于国。末[6]大必折，尾大不掉[7]，君所知也。"

——左传·昭公十年（申无宇谏外重）

完全读懂名句

1. 王：楚灵王。2. 郑京栎实杀曼伯：郑厉公失位，得到宋国支持而住在栎，后来并吞京（京、栎都是大城），再攻入国都复辟。曼伯是当时郑君，无封号。3. 宋萧亳实杀子游：宋国政变，公子游被拥立，但旋即被逃奔萧、亳二城的群公子推翻。4. 齐渠丘实杀无知：齐国政变，公子无知弑齐襄公，镇守渠丘的大夫雍廪杀无知。5. 卫蒲戚实出献公：卫国大夫宁殖和孙林父发动政变,放逐卫献公。蒲,是宁殖的封邑,戚是孙林父的封邑。
6. 末:树的枝叶是"末",相对于根干是"本"。枝叶太茂盛,树大招风,树干易折;支干太粗大,也容易造成主干折断。
7. 掉:动摇。不掉:尾巴摆动不灵活。

楚灵王问:"国中有大城,有什么不好?"申无宇回答:"过去郑、宋、齐、卫发生政变,都是因为大城的实力强过首都。由这些例子看来,大城是有害于国家安全的。树的枝叶太茂盛容易折断,兽的尾巴太大就不灵活,这是国君非常清楚的事情。"

名句的故事

楚灵王灭了陈国和蔡国,不将二国置为楚国一县,反而派弟弟弃疾担任二国之宰相,弃疾于是僭称"蔡公"。楚灵王为此问大夫申无宇:"弃疾在蔡国如何?"

申无宇不敢太过干预皇家内务,所以举了外国的例子,曲言婉转。由于楚灵王本身是趁哥哥楚康王病重时,绞杀老哥而篡位,所以申无宇举的都是"政变后坐不稳"的例子。

果然,后来弃疾发动了政变,自立为楚平王。楚灵王则流亡山中,被老百姓收留,不久就自杀了。

历久弥新说名句

鲁国发生内乱,齐国派大夫仲孙湫出使鲁国,名为慰问,实为刺探。仲孙湫回去，齐桓公问："鲁国可以攻取吗？"仲孙湫回答："还不行。周公制订的礼仪还能维持，周礼是鲁国的治国之本。常言道：'国家要亡以前，本会先颠覆，犹如树木的根干先倒覆（失去养分），枝叶才会枯槁。'周礼尚存，鲁国不易攻取。"

名句可以这样用

"末大必折，尾大不掉"和"本必先颠，而后枝叶从之"，二者见似相反，其实并不冲突。前者是当外患或叛变发生，后者是内部自己先搞垮，结果都是亡国、失位。可见执政者最重要的是"固本"。

人心之不同，如其面焉

——用人所长之论

名句的诞生

子产[1]曰："人心之不同，如其面焉。吾岂敢谓子面如吾面乎？抑心所谓危，亦以告也。"子皮[2]以为忠，故委政[3]焉。子产是以能为[4]郑国。

——左传·襄公三十一年（子产止子皮用尹何）

完全读懂名句

1. 子产：名公孙侨，郑国大夫，后来担任宰相，郑国大治。2. 子皮：名罕虎，当时郑国宰相。3. 委：托付。委政：将政权完全交付。4. 能为：有所作为。

子产说："人心各自不同，就像脸孔各个不同一样。我怎么敢说我的脸孔和你一样呢？（我的思想、作风也和你的不一样。）但是，只要心里觉得有所不安（认为有问题），一定会向你提出。"子皮认为子产这番话是忠于国家的言论，于是将执政重任完全交付给子产，子产因而能在郑国大有作为。

名句的故事

子皮有意提拔一位青年才俊尹何出任邑大夫（地方官），子产认为尹何太年轻了。子皮说："可不可以让他上任后学习为政之道？"子产说："一个人如果还不会用力，就让他去宰割牲畜，必定损失很多。如果你有一匹很漂亮的锦缎，必定不会让匠人拿它来学习吧！地方官是人民安身立命的寄望，任务不比裁剪更重要吗？"

子皮听了这番话，自知子产能够知人善任，能力超过他，所以表示愿意支持子产执政，自己只管理"家事"，而且自己家族中事也愿听子产之言。

这不是子皮第一次要让位给子产。前一次，子产辞让不就，这一次，子产答应了，但是前文"心所谓危"指的是子皮的家事，亦即对子皮的家事也不能没意见，是不希望子皮以豪族身份干预子产施政的意思，子皮也答应了，授予子产全权。

历久弥新说名句

子产入仕之初，向然明请教为政之道，然明教他"视民如子，见不仁者，诛之"。子产对人说："以前我只认识然明的面，如今才见然明之心。"这是子产另一次对"面与心"的比喻。

事实上，子产执政一年后，人民唱道："我有衣服帽子，被子产抽税；我有田地，子产也要抽税，谁肯杀子产，我去帮他。"等到执政三年后，人民便又歌颂："我有子弟，子产教诲他；我有田地，子产让我增加生产。一旦子产死了，谁能继承他的德政呢？"

名句可以这样用

这句名言今日多用做"人心不同，各如其面"。但是有些人误解为"人心随脸孔而不同"，那就成了"以貌取人，失之子羽"——人心之善恶当然和面孔美丑无关。

甚至，即使人的面容端正，心地也善良正直，仍不能以外表或外在行为涵盖其内心全部，因为有些人比较含蓄。子产对然明的认识，就是一例——然明的思想比他的表现还要高尚！

大美国学 战国策

众怒难犯，专欲难成

——情急当断即断之策

名句的诞生

子产曰："众怒难犯，专欲[1]难成。合二难以安国，危之道也。不如焚书以安众，子得所欲，众亦得安，不亦可乎？专欲无成，犯众兴祸，子必从之。"乃焚书于仓门[2]之外，众而后定。

——左传·襄公十年（子产焚载书）

完全读懂名句

1. 专欲：一己之所欲。2. 仓门：郑国都城的城门之一。

子产说："群众发怒则难以干犯，一己所欲（违反众意）难以达成，兼有此二难而想安定国家，是危险的事情。不如将先前的公告烧掉，以安定众人之心，阁下（指子孔）得以坐稳执政之位，众人也安心了，不是很好吗？若一己之欲达不到，犯众怒反而兴起了祸患，阁下最终仍不得不顺从众意的呀！"于是将公告拿到仓门之外当众焚毁,群众的怒气乃告平息。

名句的故事

郑国发生内乱,盗贼(其实是大夫子孔指使)杀了子驷、子国、子耳(此三人曾引致外患,故事详见"俟河之清,人寿几何"一章,如今死于内乱),劫持郑简公进入北宫。

子产率领军队攻打进入北宫之盗,盗贼全被杀光(灭口)。子孔暂摄国君之事,发布"载书"(公告),重新安排诸大夫之位序,并要求大家遵守他的政令。但是士大夫都不愿服从,子产建议子孔烧掉公告,子孔不同意,认为"因为众人忿怒而烧掉载书,等于是交由众人执政,国家将难以治理",但是子产仍然让子孔烧掉了载书。

历久弥新说名句

子产后来当了郑国宰相,在铜鼎上铸立"刑书",也就是将法律铸成无法更改的形式,以示执法的信心与决心——敢于公开代表法律条文是可以摊开来公开检验的;铸于鼎上意味着任何人都可以据理力争,任何人也不能违反。

为什么子孔的"载书"就得焚毁?为什么子产的"刑书"就不得更改?同一个子产,为何前后做法不同?难道是自己执政了,就忘了曾说过"专欲难成"这句话?

其实不是。子孔当时情况紧急,而且必须当断即断,如果不能立做决断,众怒一旦爆发失控,再来烧载书就来不及了;子产担任宰相时,政局安定,因此不必采取非常手段。

另一个不同之处是:子孔的载书是权力分配,士大夫不满意则不可行;子产的刑书是法律制度,只要订得公平合理,人民没有理由反对。

名句可以这样用

"众怒难犯"一句,我们今日常用。但若只是这一句,就如子孔所言"等于将事权交给群众",是不负责任、没有担当;必须体认"专欲难成"——若是因一己之欲引起众怒,当然要改,若不是,则应为所当为,"虽千万人吾往矣"。

爱之如父母，仰之如日月，
敬之如神明，畏之如雷霆
——君爱民、民事君之道

名句的诞生

师旷[1]侍于晋侯，晋侯曰："卫人出[2]其君，不亦甚乎？"对曰："或者其君实甚。良君将赏善而刑淫[3]，养民如子，盖之如天，容之如地。民奉其君，爱之如父母，仰之如日月，敬之如神明，畏之如雷霆，其可出乎？夫君，神之主也、民之望也，若困民[4]之主，匮神乏祀，百姓绝望，社稷无主[5]，将安用之？弗去何为！"

——左传·襄公十四年（师旷论卫出君）

完全读懂名句

1. 师旷：晋国的乐师，得晋悼公喜爱，时而向他征询国是，言必有中，史书多所记载。2. 出：驱逐。3. 淫：犯罪。刑淫：以刑罚惩治恶徒。4. 困民：使人民困苦。5. 无主：祭祀无主祭者。

晋公对一旁侍候的师旷说："卫国的臣子驱逐国君，岂不是太过分了吗？"师旷回答："可是他们国君也太过分了。一个贤良国君应该奖励善行、惩罚恶徒，爱民如子，像上天覆盖万物、大地容纳万民一般，无所不包容。那样的话，人民事奉君主，就像对父母一般爱护、对日月一般的敬仰、对神明一般的崇拜、对雷霆一般的畏惧，又怎么可能驱逐他呢？国君是祭祀时的主祭、人民希望之所寄，如果君主让人民困苦、荒废社庙、老百姓绝望、宗庙无人主祭，那还要君主干嘛？不赶他走，还能怎样！"

名句的故事

晋悼公问师旷另有寓意，卫国臣子驱逐卫献公，导火线就是卫国一位乐师"师曹"。

献公命令师曹教导后宫侍妾弹琴，师曹很严格，学不会就用鞭子处罚。其中一位妾，趁卫献公临幸时，在枕边哭诉师曹"体罚"，隔天，献公下令鞭笞师曹三百下。

师曹怀恨在心，后来借一个场合，卫献公到孙文子的封邑巡视，师曹在宴席上唱出《诗经·巧言》，讽刺孙文子，并且一再以音乐挑动孙文子的怒气，结果孙文子发动兵变，卫献公逃奔齐国。

历久弥新说名句

同为乐师，师曹为乱，而师旷能谏。事实上，趁国君心情放松时进谏，经常会收到很好的效果，比板起面孔"犯颜直谏"有效多了！

唐玄宗到渭水滨田猎，在行馆召见同州刺史姚崇，姚崇陪皇帝打猎，功夫娴熟"偕马臂鹰，迟速在手，动必称旨"（既精马术，又精马屁），玄宗大乐，君臣二人一同吃野味、谈政事。姚崇擅长兜圈子进谏，忠言不逆耳，后来做到宰相，成就"开元之治"。所以，真正能干的臣子不一定要排斥拍马屁。

名句可以这样用

前警大校长梅可望曾说，社会对警察是"期之如圣贤，防之如盗贼，驱之如牛马，弃之如敝屣"，用的就是本章名句同样格式——叠句运用之"力与美"，值得读者细加玩味。

大美国学 战国策

食指大动，染指于鼎
——君臣无仪而失国之鉴

名句的诞生

楚人献鼋[1]于郑灵公。公子宋[2]与子家将见，子公之食指动，以示子家，曰："他日[3]我如此，必尝异味[4]。"及入，宰夫将解[5]鼋，相视而笑。公问之，子家以告，及食大夫鼋，召子公而弗与也。子公怒，染指于鼎，尝之而出。公怒欲杀子公，子公与子家谋先[6]。

——左传·宣公四年（公子宋子家弑灵公）

完全读懂名句

1. 鼋：形状似鳖，体型大。2. 公子宋：郑国大夫，与后文"子公"为同一人。子家亦为郑国公子，二人同为大夫。3. 他日：已往。4. 异味：特别的食品。5. 解：剖分。6. 谋先：阴谋先下手。

楚国送了一只鼋给郑灵公。两位郑国公子正要进宫晋见，子公的第二指突然自己动了起来，他给子家看，并说："以往每次这样，总有特别的味道可以尝。"果然在厨房看到厨子正要剖开那只鼋，两人相视而笑。郑灵公问他俩笑什么？子家就告诉国君原委。

等到鼋煮好了，郑灵公分食诸大夫，召来子公却不分给他。子公生气了，将食指伸进鼎内，沾而尝之，然后出宫。灵公发怒要杀子公，子公和子家于是共谋先下手为强（弑君）。

名句的故事

第二指称为食指，就是因这个典故而来。古时候烹调技巧没有太多花样，大多是煮成一锅羹，尝味道时就用第二指沾取羹汤，因此称之为食指。

这个故事其实有"神权与君权对抗"的寓意。子公每次"食指大动"，总能得尝美味，所以他认定这是"上天"赐与的天赋，即使国君也不能剥夺；但在郑灵公而言，分享食物是国君的权力（宰相调和鼎鼐是烹煮食物，分配权仍在国君），国君若不分给臣子，臣子岂可"染指于鼎"？

看看这一对君臣的行为，却又近乎孩童赌气——一个召来却不给，一个伸手指沾食，君臣失仪（古时分食是一件大事）在先，又为此动干戈在后，终至演出弑君戏码。

历久弥新说名句

宋国与郑国交战。前一晚,宋国统帅华元杀羊犒赏军队,却未分给自己的驾驶羊斟。隔天接战,羊斟对华元说:"昨天分食羊羹是大人做主,今天驾车该我做主。"于是将战车直驱进入郑国阵地,华元被俘——分配食物真的是大事,不公平就可能发生意想不到的灾祸!

名句可以这样用

"食指大动"现在不单指得尝异味,而是形容食欲大开;"染指"则扩及"贪取非分之财物"。

师克在和不在众

——信心中有决心之策

名句的诞生

敖[1]曰："盍[2]请济[3]师于王。"对曰："师克在和[4]不在众。商周之不敌[5]，君之所闻也。成军以出，又何济焉？"莫敖曰："卜之。"对曰："卜以决疑，不疑何卜？"遂败郧[6]师于蒲骚[7]。

——左传·桓公十一年（斗廉[8]败郧师）

完全读懂名句

1. 敖：莫敖，楚国官名，二级宰相。2. 盍：何不。3. 济：增加，用法如"接济"之济。4. 和：进退一致，如"君子和而不同"用法。5. 不敌：众寡悬殊。6. 郧：国名，音yún。7. 蒲骚：地名。8. 斗廉：人名，楚国大夫。

楚军统帅莫敖（名屈瑕）说："是不是该向国君请求增兵？"斗廉回答："军队要打胜仗，靠的是进退一致，不在人数多寡。

当年商纣王的军队远超过周武王（但是周武王仍然获得胜利），这是阁下熟知的事情，不是吗？既然已经出兵，又何必再求增兵？"屈瑕："那就用卜卦来决定吉凶。"斗廉说："心有疑惑难解才用卜卦来求解，今日之事没有疑惑，何必卜卦？"结果打败了鄙军。

名句的故事

屈瑕带兵出境，原来只是要去和贰、轸这两个小国会盟，但是郧国就在同时联合另外四个小国，在蒲骚集结，准备攻打屈瑕（破坏盟会）。屈瑕有点胆怯，斗廉主动请缨由他领兵夜袭郧军，只要打败郧军，另外四小国自然会退去。那一仗，屈瑕采纳了斗廉的战术，赢得胜利。

历久弥新说名句

岳飞用兵有一句名言："运用之妙，存乎一心。"一般解释是：两军临阵，端视战术灵活，不可拘泥操典。但也有研究认为，岳飞面对金兵"拐子马"，而发明了中国军史上第一个"散兵战术"，拐子马冲来则步兵散开，让对方无所施力，之后复收，将旋回不便的拐子马打散歼灭之。这里的"一心"是动词，也就是步兵人人对散兵战术了然于心，进退一致，才能运用得宜，否则阵形散了却收不回来，就溃不成军矣！

1884年中法战争，法军统帅孤拔封锁安平港，要中方台南城守将刘璈"上舰议事"。刘璈一方面吩咐安平炮台守将"有状况，毫不迟疑开炮，不必顾虑我"，一方面登上法舰，不卑不亢。孤拔对刘璈说："以台南城池之小，兵力之弱，如何抵抗我军？"刘璈回答："城墙只是土，民心才是铁。"孤拔默然不语，放回刘璈，法舰转向北方，在基隆被刘铭传击败三次。

刘璈的话，又将"师克在和不在众"扩大到国家层面；打胜仗靠人心，人心团结，则能抵挡船坚炮利。

名句可以这样用

故事中另一句名言"卜以决疑，不疑何卜"，更足为那些迷信风水、事事请教"老师"的政客鉴戒。

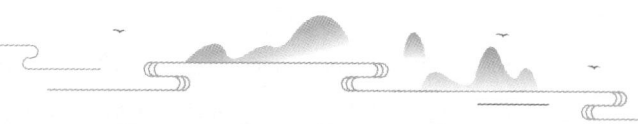

善不可失，恶不可长

——敦睦邻国之道

名句的诞生

郑伯侵陈[1]，大获[2]。往岁[3]，郑伯请成[4]于陈，陈侯不许。五父[5]谏曰："亲仁[6]善邻，国之宝也。君其许郑。"陈侯曰："宋卫实难[7]，郑何能为。"遂不许。君子[8]曰：善不可失，恶不可长，其陈桓公之谓乎。长恶不悛[9]，从自及也，虽欲救之，其将能乎。

——左传·隐公六年（陈桓公不许郑伯请成）

完全读懂名句

1. 陈是侯爵之国，故称陈侯；郑是伯爵之国，故称郑伯。春秋诸侯国君皆称"公"，是死后追谥。2. 大获：战果丰硕，大有斩获。3. 往岁：去年。4. 请成：提出签订和约之请。5. 五父：陈国公子，名佗，字五父。6. 亲仁：亲近贤人。7. 难：畏惧、担心。8. 君子：《左传》作者左丘明自称。9. 悛：音 quān，改过。

郑庄公侵略陈国，大有斩获。去年，郑庄公向陈桓公请求签订互不侵犯条约，陈桓公不答应。陈国公子五父劝谏："亲近贤人、敦睦邻邦是国家之宝，国君为何不答应郑国？"陈桓公说："宋国、卫国才是我所要担心的，小小郑国能怎样？"于是不同意签和约。左丘明评论：人的善念不可失去，恶念不可助长，应验在陈桓公身上。助长恶念而不改过，终于害到自己，等到祸事临头，又怎么来得及挽救呢？

名句的故事

侯爵位阶高于伯爵，所以陈桓公只防备宋（公爵）和卫（侯爵），而看不起郑。事实上，从春秋时代起，诸侯各国已不遵守最初周公订下的规矩，关于五等诸侯各准拥有多少兵车、部队。而郑国就是周平王东迁初期最先崛起的一个小国。

整部《左传》，就只见齐、楚、晋、秦等大国交替称霸，而陈、蔡、卫等小国被夹在中间，辗转呻吟、惨遭蹂躏，只因为他们依然沉浸在过去的风光当中，无视于国际形势已有重大变化。

历久弥新说名句

轻视敌人的结果，往往自取灭亡，因为轻敌之心一生，很容易就"长恶不悛"，结果自己因轻敌而失败。

南北朝时，南齐皇帝萧鸾暴虐无道，会稽太守王敬则举兵起义，人民"扛起撑船的竹篙，背着耕田的铁锹"响应他，革命军一时声势浩大。

南齐京城建康宫内，萧鸾病重，太子萧宝卷日夜耽心，玄武湖一座凉亭失火，吓得皇帝父子准备逃亡。消息传到王敬则耳中，得意洋洋说："你们父子也只有这条路（逃亡）可走了。"结果，王敬则在胜利即将到手的一次战役中，不小心落马，被杀——主帅怎么会落马？当然是轻忽之心造成注意力松懈！

名句可以这样用

即使以今天工商社会的价值观，公共关系的最高指导原则仍是"善不可失，恶不可长"。没有人会蠢到去破坏既有的良好关系。

경영관리之策

数战则民劳，久师则兵弊

——等待敌人累垮之策

名句的诞生

凡天下之战国七，而燕处弱焉。独战则不能，有所附[1]则不重[2]。……齐王南攻楚五年，畜积散；西困秦三年，民憔瘁[3]，士罢弊[4]；北与燕战，覆三军，获二将……此其君之欲得[5]也，其民力竭也，安犹取哉？且臣闻之，数战则民劳，久师则兵弊。

——战国策·燕策

完全读懂名句

1. 附：依附。2. 重：受人看重。3. 瘁：同"悴"，病容。4. 弊：病。5. 欲得：贪欲之心。

当今天下互争雄长的共有七个，而燕国最弱小。独力攻打他国力有未逮，依附大国则不受重视。……齐闵王向南攻打楚国五年，国库耗尽；向西骚扰秦国三年，老百姓憔悴、战士疲病；向北对燕国开战，损失三军、被俘二将……为了满足他们国君的贪欲，而将人民的力量消耗殆尽，这种国家还需要去攻打吗？常言说得好：连番征战则人民困顿，长年用兵则战士疲惫。

名句的故事

苏秦死后，他的弟弟想要继承老哥志业：推动合纵，佩六国相印。然而，当时的情况却是：诸侯互不信任，彼此攻伐。苏代第一步就是先打消燕王伐齐的念头。

燕王哙和齐闵王有仇，可是畏惧齐国强大而不敢去攻打，只能养精蓄锐等待时机。由于他的意图明显，齐闵王就始终防着燕国，双方随时可能开战。

苏代的说辞是：燕王应该送人质去齐国，再以珠宝财货贿赂齐王近臣，松懈齐王戒心，那么齐闵王就会放心去攻打宋国——让齐国继续和他国战争，不断耗费国力，符合燕国的利益。

历久弥新说名句

耗费敌人国力经常是好用的一招，但有时候也会弄巧成拙。

战国后期，韩国人设计了一个"疲秦之计"，派出一位水利工程师名叫郑国，向秦王政（秦始皇）推销开渠道灌溉关中平原，秦王采纳了，并完成有名的"郑国渠"。

后来才发现，郑国是一位间谍，开渠是一个阴谋，于是将郑国处死，秦王政更下了一道"逐客令"——驱逐外国来的宾客。这道逐客令因李斯上《谏逐客书》才收回。

但事实上，建渠反而是厚植国力的作为，逐客（赶走人才）反而是不利国家的事情。也就是说，韩国君臣的计策弄巧成拙了。无奈的是，韩国位处秦国东进的第一线，不能鼓励秦国多用兵，因为自己会"第一个倒霉"。

名句可以这样用

兵法有云："国虽大，好战必亡。天下虽安，忘战必危。"这句话正可作为本策的最佳脚注：再强大的国家，一再发动战争，其结果就是"数战则民劳，久师则兵弊"，强国也会被穷兵黩武搞垮掉。

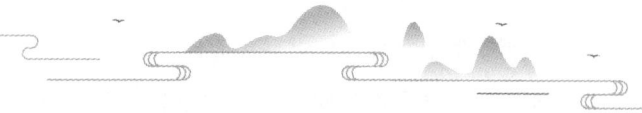

积羽沉舟，众口铄金

——连横破合纵第一策

名句的诞生

是故天下之游士，莫不日夜搤腕[1]瞋目[2]切齿[3]以言从[4]之便，以说人主。人主览其辞[5]，牵其说[6]，恶得[7]无眩哉？臣闻积羽沉舟，群轻折轴，众口铄[8]金，故愿大王熟计[9]之也。

——战国策·魏策

完全读懂名句

1. 搤腕：比手势加强语气。2. 瞋目：睁大眼睛（说瞎话）。3. 切齿：咬字清晰，务求效果。4. 从：同"纵"，合纵。5. 览其辞：听取他们的言论。6. 牵其说：受到他们说辞之牵制、影响。7. 恶得：怎能。8. 铄：销熔。9. 熟计：深思熟虑。

因此之故，天下的游说之士，莫不日以继夜，比手划脚，睁大眼睛说瞎话，咬字唯恐不清晰，向各国国君推销合纵理论。各国君王听了那么多理论，受到他们意见的牵制，怎能不眩惑呢？我听说，船上载的即使轻如羽毛，装太多也会造成沉船；车上载的即使是很轻的东西，太多了也会造成车轴折断；人多嘴杂可以把黄金都销熔，所以希望大王思考清楚。

名句的故事

这是张仪推动"连横"的第一场游说（苏秦推动合纵第一策见"尧无三夫之分"），面对的是魏襄王。而苏秦最先选赵国，张仪最先选魏国，皆有其必然性。

赵、魏皆处面对秦国的第一线，而苏秦当时，赵国仍有力量可以不畏秦国，亦即第一线的赵国尚且挺身而出，其他"二线"诸侯自然勇于跟进；张仪当时，正是魏国国力中衰的时期，所以易于说动。

张仪的重点打击对象是那些主张合纵的游说之士，他们出则仪同诸侯国君，完成一项盟约就裂土封侯——风险由诸侯承担，报酬则自己享用，见风转舵，毫无忠贞可言。这番话打动了魏襄王，决定靠向秦国，于是合纵盟约开始如骨牌效应般瓦解。

历久弥新说名句

唐太宗作为一个国君，时时警惕自己："人主惟一心，攻之者众。"意思是说，皇帝只是一个人、一颗心，可是为了讨好这一颗心，却有很多人为之钩心斗角：有人舌粲莲花，有人奉承拍马，有人阳奉阴违，有人欺上瞒下，有人刻意引皇帝走上奢侈之路。

总之，众人围攻"龙心"，只有一个目的：受"真龙"赏识，以登"龙门"。其威力正是"积羽沉舟，众口铄金"，而君主心中只要稍有松懈，就会被趁虚而入，导致沉迷、堕落、毁灭，而其过程，请参考"贵不与富期，而富至"一章的自毁模式"富贵——骄奢——灭亡"。

请注意，"积羽沉舟"和"聚沙成塔"的用法是完全相反的。虽然二者都是"积少成多"，但是"聚沙成塔"完成的是正面、肯定的事情，而"积羽沉舟"则有警惕意味，但是跟"积非成是"又大不相同。

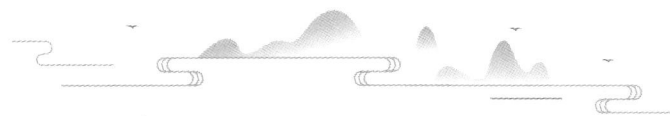

贵不与富期,而富至

——戒败亡于起始之策

名句的诞生

夫贵不与富期[1],而富至;富不与梁肉[2]期,而梁肉至;梁肉不与骄奢期,而骄奢至;骄奢不与死亡期,而死亡至。累[3]世以前,坐[4]此者多矣。

——战国策·赵策

完全读懂名句

1. 期:相约以期,同"期约"用法。2. 梁肉:指美食。3. 累:相叠。累世:一代接一代。4. 坐:获罪、遭祸。

升官与发财并不一定相关,可是财富自会到来;发了财不一定想要美食,可是美食自然到来;享受美食和生活骄奢未必相关,但是骄奢自会到来;骄奢并没有和死亡相约,可是死亡自然而生。历朝历代以来,因富贵、骄奢而至于死亡者,实在太多了。

名句的故事

这番话是公子牟对秦国宰相范雎说的。公子牟的身份，《战国策》和《庄子》记载不同，但那不重要。重点在于，范雎得秦昭王信任，赏赐很多，位高权重，物质方面享受无比，但范雎是聪明人，闻此言非但不生气，反而感谢公子牟。

本策列于《赵策》，是平原君赵胜用这个故事教诲弟弟平阳君赵豹，赵豹也说："敬诺。"（恭敬地记取，铭记在心。）

历久弥新说名句

唐太宗命令魏征主持《隋史》编撰，完成后封魏征光禄大夫、郑国公。魏征自忖功劳不及赏赐，因此一再以健康理由陈请逊位，唐太宗对他说："你不见那金矿吗？若非良匠锻冶，就毫无价值。朕自比金矿，期待你是良匠。你虽然健康差一些，但年纪还不老，何必退休？"

但魏征一再坚持请退，唐太宗终于"有条件答应"，条件是要他提出"国是建言"疏（条列式建议，用"梳"之意）。魏征先后上了四道疏，其中第三疏指出：

"贵不与骄期，而骄自来；富不与奢期，而奢自至。"唐朝承袭隋朝而来，隋朝虽富强仍不免败亡，就是因为大兴土木、大动干戈所致，足以作为前车覆辙之鉴。

隋文帝结束南北朝分裂状态，史称"开皇之治"，国力富强。隋文帝宽仁勤俭，可是传到隋炀帝，他有二句诗："我本无心求富贵，谁知富贵逼人来。"意思是说"又不是我去追求富贵，是富贵自动掉到我头上来的"，完全没有珍惜老爸成果的念头。如此心态之下，富贵来得容易，骄奢随之而至——开大运河、南巡是奢；征朝鲜失利，他对群臣说："我亲自去还不成功，何况你们去？"是骄。骄奢既充盈其心，败亡于是随之而至。

名句可以这样用

魏征以"富贵不与骄奢期，而骄奢至"进谏，当然自己深明个中道理。他一再请退，就是效法范雎——除了本策之外，请参考"君子杀身以成名"一章范雎自动退位的故事。

尧无三夫之分，舜无咫尺之地
——合纵抗秦第一策

名句的诞生

臣闻，尧无三夫之分[1]，舜无咫尺之地[2]，以有天下；禹无百人之聚[3]，以王诸侯；汤武之卒不过三千人，车不过三百乘，立为天子；诚得其道也。是故明主外料其敌国之强弱，内度其士卒之众寡、贤与不肖，不待两军相当，而胜败存亡之机节[4]，固已见于胸中矣。岂掩于[5]众人之言，而以冥冥[6]决事哉！

——战国策·赵策

完全读懂名句

1. 三夫之分：一夫为百亩之地，所以"三夫之分"为三百亩的地盘。2. 咫尺之地：八寸为咫，十寸为尺，所以"咫尺之地"言其少也。3. 聚：群众。4. 机节：关键。5. 掩：遮掩。掩于：惑于。6. 冥冥：昏暗中。

臣听说帝尧最初还不到三百亩地，帝舜更连咫尺之地都没有，最终却得了天下；大禹最初不到百人群众，最终称王于诸侯；商汤和周武王的军队不过三千人，兵车不过三百乘，最终成为天子；都是因为行事符合正道的缘故。所以，英明的君主对外准确地估计敌国的强弱，对内掌握军队的众寡和官吏的贤愚。那么，不必等到两军对阵，胜败存亡的关键就已经了然于胸了。哪会受众人的议论纷纷所惑，而在昏暗中决定事情呢？

名句的故事

苏秦身佩六国相印、主持"合纵"阵营的开始，就在本策。他去见赵肃侯，陈述"向东倚靠齐国而攻秦，与向西倚靠秦国而攻齐，赵国都不会安定，只有六国合纵抗秦，而赵国因正好控住函谷关，就可以成就霸业"。

赵肃侯接受了苏秦的游说，封他为武安君，送给他一百乘华丽的车子，黄金千镒，白璧百双（对），锦绣千纯（束），让他去各国进行游说——自此，苏秦步上成功之途。（苏秦之前的失意，请见"前倨而后卑"一章）

而苏秦整篇游说之辞当中，最关键的就是这一段，意思是：成大功、立大业不在国家大小，当你站在历史的关键点上，就得立即把握住机会！

历久弥新说名句

苏秦教赵肃侯"行正道",那是表面的冠冕堂皇之辞,尧舜禹汤真的是因为"仁者无敌"而得天下吗?不见得!但肯定汤、武都是把握住关键时刻,断然采取行动而推翻桀、纣。

《三国演义》写司马懿在宛城韬光养晦,练他的"忍术"。终于等到魏明帝曹睿下圣旨召他出兵平孟达之乱,他立即全面动员宛城诸路兵马,他的儿子司马师建议:"父亲可急写表申奏天子。"司马懿说:"若等圣旨,往复费时,来不及啦!"立即传令人马起程,而且"一日要赶四日之路,如迟立斩"。

司马懿为何那么急?因为,若孟达造反成功,魏国完了,他也没前途;若孟达不成功,曹家天下安了,也不用他了。机会就在这一刻,岂有公文往返之余裕?

一而当十，十而当百

——善用地形险要之策

名句的诞生

将军无解兵而入齐。使彼罢[1]弊于先，弱守于主。主者，循轶[2]之途也，鎋[3]击摩车而相过。使彼罢弊先，弱守于主，必一而当十，十而当百，百而当千。

——战国策·齐策

完全读懂名句

1. 罢：同"疲"。2. 循轶：车辆必须循序而走，不能错车。3. 鎋：音 xiá，通"辖"，指古时车轴头穿着的铁链。

（孙膑建议田忌）将军不要带兵直接回齐国，让魏国的追兵疲弊在先，然后派老弱军队守住"主"地。主地的地形只容战车单向前进，想要错车就会摩擦相撞。如果这样的话，老弱部队也能以一当十，以十当百，以百当千。（亦即以少数兵力挡住十倍敌军。)

名句的故事

孙膑曾向田忌献策"以下驷对上驷"（故事不赘述），因而成为田忌的首席参谋。田忌率齐军伐魏，孙膑献"减灶"之策，打败魏军，杀了庞涓，为自己报了大仇，为田忌立了大功。

可是，田忌立了大功却因而遭忌，国内的政敌邹忌派人拿了重金在临淄大街上招摇，并请算命先生占卦，问："我家主人田忌率大军出征，三战三胜，他想要进行大事（谋反篡位），请先生卜一下吉凶。"齐威王闻讯大怒，准备掀起大狱。

田忌在前方得悉，就要赶回齐国"清君侧"。孙膑劝他先以老弱残兵守住后方要害，避免首尾不能兼顾，然后再派精锐部队攻打临淄城，这样才能纠正国君的错误，也可以驱逐政敌邹忌，否则，田忌将回不了齐国。但是，这一次田忌未采纳孙膑的建议，最后失败逃亡到楚国。

（《史记》对这一段的发生时间有不同记载，但无损于故事与计策。）

历久弥新说名句

汉高祖刘邦得天下后，要决定应将首都设在何处，当时群臣大多是山东（太行山以东）人，因此希望定都洛阳。只有娄敬独排众议："关中表里山河，又有四个关塞（东面函谷关、南面武关、西面大散关、北面萧关）险要，万一有急事，百万雄师可以应付一切。好比与人打架，不掐住他的喉咙，再打击他的背部，就难以取得最后胜利。"张良再分析关中沃野千里，粮食不缺，于是刘邦拍板定案：建都关中（咸阳）。

四面有山河之固，再加上关塞险固，就可以少数兵力守住国都。这和孙膑的道理相同。

名句可以这样用

我们今日说"以一当十，以十当百"，是形容兵士勇敢善战。这和苏秦游说韩昭侯所言"韩卒之勇，一人当百"的意思一致，"以一当十"是常用句，"一而当十"是原典故。

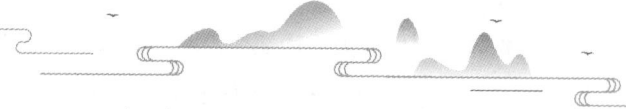

战胜无加，不胜则死
——最低风险、最高报酬之策

名句的诞生

君谓景翠曰："公爵为执圭[1]，官为柱国[2]，战而胜，则无加焉矣；不胜，则死。不如背秦援宜阳。公进兵，秦恐公之乘其弊也，必以宝事公；公仲慕公之为己乘秦也，亦必尽其宝。"

——战国策·东周策

完全读懂名句

1. 圭：古代诸侯在重大典礼时所持的一种玉器。执圭：楚国的最高爵位。2. 柱国：职官名。战国时代楚国所设置，原指保卫国都之官，地位崇高。后世便指最高级的武官或勋官。

（东周大夫赵累建议周君）国君可以对景翠说："阁下在楚国已经是最高爵位执圭、最高官职柱国。打胜仗也加不了官爵，打败仗却可能有杀身之祸（战死或被斗垮），不如等秦军攻下宜阳之后进兵。如此则秦国担心阁下乘其师老兵疲，必定以财宝贿赂你；而韩国宰相公仲感谢阁下为他出兵，也会以财宝酬谢你。"

名句的故事

秦国向东扩张的第一战就是攻取韩国的宜阳，韩国向楚国求援，楚王派景翠率军前往，但是秦国同时也答应将汉中之地割给楚国，以交换不出兵，因此景翠暂时按兵不动。

周王室当时已分裂为东、西二国，东周君与赵累做了一番形势判断，认为秦军必定能攻下宜阳。然而，韩楚二国又是东周当时最好的盟友，不愿见韩楚交恶，于是东周君接受赵累的建议，向景翠提出这个"最低风险、最高报酬"的计策。

后来，景翠果然采纳此策，而得到秦国一城与韩国财宝，并且感谢东周；东周则维持住韩楚二国的联盟，挡住秦国东进。

历久弥新说名句

那一场战役，景翠的处境固然是"战胜无加，不胜则死"，秦军的统帅甘茂更是如此。

宜阳是战略要地，易守难攻。甘茂攻城，擂鼓三通而士兵不肯奋勇攻城。甘茂对参谋说："我在秦国是个客卿，虽然坐上了宰相的位子，可是如果攻不下宜阳的话，公孙衍和樗里疾会在朝中暗算我，然后公仲会发动韩军反攻，那我就死无葬身之地了。

明天如果再攻不下宜阳，宜阳的城郭就是我的坟墓！"

于是拿出所有自己的金钱作为赏金，隔天发动总攻击，擂鼓一通，秦兵争相向前，攻下了宜阳。

甘茂当时的处境，也是"战胜无加，不胜则死"，而且还没有景翠的余地。

名句可以这样用

我们常用"有功无赏，打破要赔"来形容赏罚不平衡的现象——做得好没有奖励，做错了却要受罚。其结果将造成一股消极不作为的风气，少做少错，不做不错。

这两句有点相似，但用法上又有不同，读者不妨再多加揣摩。

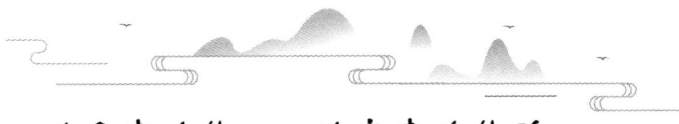

为名者攻其心，为实者攻其形
——明确战略之策

名句的诞生

昔先王之攻[1]，有为名者，有为实者。为名者攻其心，为实者攻其形[2]。……今将攻其心乎，宜使如吴；攻其形乎，宜使如越。夫攻形不如越，攻心不如吴，而君臣、上下、少长、贵贱，毕呼[3]霸王，臣窃以为犹之[4]井中而谓曰："我将为尔求火也。"

——战国策·韩策

完全读懂名句

1. 攻：攻击。此处不仅指军事行动，还包括了"攻心"，用法同"专攻"某一方面之"攻"。2. 形：实体。此处应指攻取城池、土地。3. 毕：全部。毕呼：众口一辞高喊。4. 之：去到。

从前君王拟定战略时，视敌方国君是想要名声还是想要实利而定，对手好名声就攻他的心，对手好实利就攻他的城。……要攻对方（秦国）的心，就该让对方像吴王夫差一样；要攻对方的城，就该让对方像越王勾践一样。可是今天的韩国，攻城不如越国，攻心又不如吴国，却全国上下一致高呼"霸王之业已成功"，我认为那就好比落到井里还要说"我来帮你寻火"一样（荒谬）。

❀名句的故事❀

某人对韩厘王指出韩国对秦国的战略不明确，引述春秋时吴国和越国的故事为喻。

吴王夫差打败了越王勾践，勾践派文种去请降，答应越国人"男为臣，女为妾"。勾践自己去服侍夫差，夫差答应请求，没有消灭越国。这是因为吴王夫差好名，而勾践"攻其心"成功。

勾践卧薪尝胆，十年生聚、十年教训之后，反攻吴国成功。夫差派人请降，也答应"男为臣，女为妾"，可是勾践不接受，灭了吴国。这是因为越王勾践要的是实利，吴王夫差"攻其心"当然不成。

战国七雄的韩国，就败在战略不明确。面对强邻秦国，时而对抗，时而臣服，时而割地，最终成为第一个被秦灭亡的国家。

❀历久弥新说名句❀

"攻心"抑或"攻城"倒不是完全相对的，视情况也得交互为用。

孙膑对齐王说："秦王之所以盛气凌人，就因为燕王和赵王（对合纵）态度游疑、立场摇摆。如今齐国应该用实利（城池）唤回燕、赵之心，这就是所谓'攻其心'。"孙膑的策略，其实是"攻"燕赵二王讲求实利之心——二王想的仍是"攻城"。

诸葛亮南征，对蛮王孟获七擒七纵，不取尺寸之地，终于收服南方民族之心，免除北伐中原的后顾之忧。在孟获是保全了土地，在诸葛亮则是"名实双收"。

名句可以这样用

《孙子兵法》说："攻心为上，攻城次之。"不战而屈人之兵固然是上策，但若不得已，仍然只好开战，这是原则。"为名者攻其心，为实者攻其形"，则是决定战略时的因敌制宜策略。

上不可则行其中，中不可则行其下
——战略周全之策

名句的诞生

免国于患者，必穷[1] 三节[2]，而行其上；上不可，则行其中；中不可，则行其下；下不可，则明[3] 不与[4] 秦。

——战国策·魏策

完全读懂名句

1. 穷：反复推演以臻周全。2. 三节：上、中、下三策。至于是哪三策，详见后文（名句的故事）。3. 明：申明，表明。4. 不与：不合作。不与秦：不和秦国结盟。

想要避免国家的祸患，必须对上中下三策反复推演、深思熟虑，并且是了然于胸。然后先采行上策，上策不行再采中策，中策不行还有下策（亦即随形势变化而调整策略）。如果连下策都不可行，仍得坚守底线，讲清楚不与秦国结盟的立场（以免盟国猜疑）。

名句的故事

五个"合纵国"(韩赵魏齐楚)联兵攻秦,无功而退。秦国宰相魏冉企图拉拢东方的齐国(远交近攻),一方面自立为"西帝",同时尊称齐王为"东帝",但是齐王采纳苏秦的建议,并未接受秦国的"好意"。

这篇名句的故事便发生在五国联军失败之后,魏昭王想要与秦国讲和,于是有主张合纵的人士向他提出上、中、下三策:上策是出兵伐秦,中策是坚决抵抗秦国,下策是坚守合纵盟约,但是态度上和秦国表示友善。不过,底线是不能和秦国签和约,不能让合纵盟国离心。

历久弥新说名句

汉高祖时,淮南王英布造反。刘邦征询薛公对形势的判断。薛公分析:"如果英布向东攻吴(江南),向西取楚(长江中游),然后联络北方的燕、赵(河北),自己固守淮南(鲁南、安徽),那是上策;如果他攻取吴楚,然后向中原进兵求战,那是中策;如果他向南进兵,攻取江苏(吴),然后再进兵浙江(越),那是下策。若英布采取上策,他可以占领东方与汉(关中在西方)分庭抗礼;若采取中策求战,胜败未可知;若采下策,陛下就可以高枕无忧了。"

刘邦派人侦察英布行军动向，结果是"下策"。他就问薛公："英布为何舍上策就下策？"薛公说："英布是个亡命之徒（在秦时犯罪而遭脸上刺字，因此又称"黥布"），哪有什么大志？"后来英布果然败亡。

薛公分析英布可能的"上中下"三策，是基本战略的高下之分。而本文故事的"上中下"三策，是视情势而采取对应，有不逆势而行的意思。前者"一着错，满盘输"，后者灵活有弹性，立于不败之地。

名句可以这样用

世间事往往"计划跟不上变化"，只有缜密的周全计划可以应付各种可能的变化。是以"上不可而行其中，中不可而行其下"，这和老子说的"取法乎上得乎其中，取法乎中得乎其下"意思是不一样的。

将欲取之，必姑与之

——骄敌之策

名句的诞生

周书曰："将欲败¹之，必姑²辅³之；将欲取之，必姑与之。"君不如与之，以骄知伯⁴。君何释⁵以天下图知氏，而独以吾国为知氏质⁶乎？

——战国策·魏策

完全读懂名句

1. 败：败坏、毁灭。2. 姑：姑且，权且。3. 辅：帮助。4. 知伯：智伯。5. 释：放掉。用法同"释"放之释。6. 质：抵押品。为知氏质：受困于智氏。

《周书》上说："想要败掉对方，不妨姑且帮助他；想要夺取对方，不妨姑且先给他。"主君不如答应割土地给知伯，让他产生骄傲心理。为什么要放掉联合各家共谋智氏的机会，反而让自己成为智伯的眼中钉,以至于行动不灵活呢?

名句的故事

晋国六大家族内乱,智氏灭了范氏和中行氏,又向韩、赵、魏三家需索土地。魏桓子不想割地,家臣任章就向他提出前述分析。

任章的逻辑很清楚,智伯向各家勒索土地,必定造成大家的恐慌,最后一定会联合反抗。可是眼前智氏最强,正面对抗必吃眼前亏,不如先答应他,助长他的骄气,松懈他的防备之心,再图以后报仇。

事情的发展果然如此,韩、魏答应了智伯的要求,赵襄子不答应,智伯就联合韩魏一同围攻赵氏根据地晋阳。一围三年,赵氏吃了眼前亏,但最终三家联手灭了智氏,并且瓜分了晋国。(请参考"出君之口,入臣之耳")

历久弥新说名句

"必取姑与"的姑,是姑且的意思,必须有反扑的准备和计划。如果变成"姑息",那么,割让的国土就一去不回了。

五代后晋石敬塘依靠契丹人的帮助而称帝,却成为"儿皇帝",并且割让燕云十六州,这对汉民族而言是奇耻大辱。一直到宋朝结束五代十国的分裂局面,宋太宗开始向辽进行军事行动，大家熟知的"杨家将"曾一度"取"回四州，然后宋太宗又"买"回全部燕云十六州。

然而，姑息主义主导了北宋的战略思想，对北方的辽夏金元，起初只给钱，后来给钱又割地。重点在于北宋政府只有"姑与"，没有"必取"的念头，完全是花钱消灾的得过且过心态，最后终至灭亡。

名句可以这样用

一味讨好敌人，只会让敌人得寸进尺，所以"姑息适足以养奸"。但若敌人想要上吊自杀（如智伯需索土地），那你不赶紧递上绳子（帮助他），还等什么？这才是"将欲取之，必姑与之"。

良商不与人争价
——隐忍待时之策

名句的诞生

夫良商不与人争买卖之贾[1]，而谨司时[2]。时贱而买，虽贵已贱矣；时贵而卖，虽贱已贵矣。昔者，文王之拘于羑里，而武王羁于玉门，卒断[3]纣之头而县[4]于太白[5]者，是武王之功也。今君不能与文信侯[6]相亢[7]以权，而责文信侯少礼[8]，臣窃为君不取也。

——战国策·赵策

完全读懂名句

1. 贾：价格。2. 司时：把握时机。3. 断：斩断。4. 县：同"悬"。5. 太白：周武王的战旗。6. 文信侯：吕不韦。7. 亢：同"亢"，抗衡。用法同"不卑不亢"。8. 少礼：礼数不周。

真正会做生意的商人不跟人家争一时之利，而是细心地观察，把握时机。物价跌时买进，即使比时价贵一点仍然便宜；物价涨时卖出，即使便宜一点仍然卖得好价钱。古时候，周文王被纣王拘禁在羑里（河南），周武王被羁押在玉门（甘肃），而最后周武王将商纣王的脑袋砍下来，悬挂在太白旗上（历两代而报仇，不逆势而行）。如今阁下没有条件和吕不韦的权势相抗衡，却责怪他礼数不周，我私下认为阁下的做法不对。

名句的故事

赵国的建信君向门客希寫抱怨吕不韦，因为吕不韦推荐人到赵国做官，建信君让那个人当宰相，授五大夫爵位，可是吕不韦并没有相对的回敬。

希寫以好商人不争一时蝇头小利为喻，以周武王父子忍一时受辱为例，奉劝建信君不要为小事情发牢骚，要隐忍以待时机。事实上，不能相抗衡的并非建信君对文信侯，而是赵国对秦国。希寫不好意思说的是："阁下在赵国当权，有本事就让赵国强起来！"

历久弥新说名句

越王勾践卧薪尝胆，力图复兴，但是他不是只有勤俭建国，而是采纳计然（范蠡的老师）的富国之策。计然最有名的理论是："贵上极则反贱，贱下极则反贵。贵出如粪土，贱取如珠玉。财币欲其行如流水。"

物价涨到不能再涨就一定会跌下来，跌到极点也一定会涨上去。所以，物价高的时候，不但不可以惜售，而且要视之如粪土，卖出唯恐不及；反之，物价低的时候要视如珠玉般抢进。

希写的意思就是计然贵卖贱买理论的引申，所以懂得做生意的人，是掌握时机，而非每天斤斤计较。

名句可以这样用

做生意就是为了赚钱，每天拨算盘斤斤计较是为了赚钱，看准时机大捞一票也是为了赚钱。然而，物价波动才得以贱买贵卖，若是在物价平稳的季节，不争买卖价格，那就准备亏损吧！看不准时机，却仍大言不惭"良商不与人争价"，那就是好高骛远。同理，"良商不与人争价"也不能作为懦弱的借口。

法古不足以制今

——变法革新之策

名句的诞生

王曰:"古今不同俗,何古之法[1]?帝王不相袭[2],何礼之循?……故礼[3]世不必一其道,便国[4]不必法古。……是以圣人利身之谓服,便事之谓教,进退之谓节,衣服之制,所以齐常民[5],非所以论贤[6]者也。……故循法之功不足以高世[7];法古之学不足以制今。子其勿反也。"

——战国策·赵策

完全读懂名句

1. 法:动词,效法。2. 袭:延续,沿袭。3. 礼:同"理",治理。4. 便国:便利国家发展。5. 常民:人民大众。6. 论:评比。论贤:评比贤与不肖。7. 高世:博取崇高名声。

赵武灵王说:"古今习俗不同,古制怎可全盘效法?历朝帝

大美国学 战国策

王并非一系相承，岂可一味依循传统？……所以说，治理人民不能一成不变，为便利国家发展更不能拘泥古制。……圣人因此定义：对身体方便就叫'服'，做事方便就叫'教'，进退得宜就叫'节'，衣服制度是用以方便人民大众的，不能以之评判国君贤或不肖。……所以，依循传统的国家无法博得国际声望，拘泥古制的国君无法治理现世。阁下还是不要再反对了吧！"

名句的故事

赵武灵王为了抵抗强秦，决定推动"胡服骑射"，这是一次划时代的战术改革。

在此之前的战争型态是以"车战"为主，一乘兵车配备三百步兵，兵车具有冲击震撼能力，但是回旋灵活度不够。赵国地处北方，与胡人长年交战，武灵王认为胡人的骑兵战术灵活，问题在汉人的服饰不适合骑战，所以他推动变更服饰，以便利战术改革。

改革一定有阻力，武灵王逐一说服了大臣、皇族元老，最后面对贵族赵照，做出前述论点，终于完成沟通工作，进行改革。赵国因此称雄一时，后来各国相继效法——中国的军队自此穿裤子打仗。

历久弥新说名句

改革是为了适应时代进步,纵使是"复古",也必须注入时代生命。例如服装或音乐,复古风得以流行,肯定是用现代布料与乐器,绝不是一味复古。

王莽篡汉,实行大规模改革。然而,当时汉朝政府的情况,譬诸房屋,需要内部翻修,还不必拆掉重建。王莽却全盘复古,尤其是币制,他废除当时人民称便的五铢钱,改成古代的布币、贝币、龟币等,搞得金融大乱,也搞垮了他的政权,正好应验了"法古不足以制今"这句名言。

名句可以这样用

传统是应该重视并且保留的,但是不能食古不化,一味坚持传统就会犯下"法古不足以制今"的错误。传统必须赋予时代生命,才可能发扬光大。

治大者不治小

——做大事不必太顾细节之道

名句的诞生

夫吞舟之鱼不游渊，鸿鹄[1]高飞，不就[2]污地，何则？其志极远也；黄钟大吕[3]不可从繁奏[4]之舞，何则？其音疏也。将治大者不治小，成大功者不小苛[5]，此之谓也。

——说苑·政理

完全读懂名句

1. 鸿、鹄：都是大型禽类。2. 就：接近。3. 黄钟、大吕：都是古时候的钟（乐器），其音色宏亮而舒缓。4. 从：伴奏。繁奏：节奏细碎急促。5. 小苛：不在细小处苛求。

能够吞下船只的大鱼无法在水池中游动，鸿鹄高飞不会靠近污水塘，为什么？因为它们的志向极远大；黄钟和大吕不能用来伴奏细碎急促的乐舞，为什么？因为它们的音色宏亮而舒缓。要做大事的人不做小事，能成大功的人不苟求细节，就是这个道理。

名句的故事

故事的主人翁是孟子口中"拔一毛以利天下，不为也"的天下第一自私人物杨朱。杨朱是春秋时代九流十家当中道家的代表人物之一，他的主张是"贵己"和"为我"——人人不损一毫，人人不利天下（谋天下之利），天下就太平了，因为人人淡薄物欲，就没有人会去干预他人的事了。

杨朱去见魏王，谈论治天下之道，好似在手掌中玩弄一件物品般轻松。魏王说："先生有一妻一妾都摆不平，家中有三亩之田都种不好，为什么能将治天下的大道理，说得如此头头是道？"

杨朱说："大王见过羊吗？上百羊群交给一个五尺童子，拿着木杖指挥，要东就东，要西就西；如果让尧牵一只羊，让舜拿着木杖跟在后面，那么，混乱场面马上就开始了。"接着，就是前述那番话，意思是："人的才能不一，能做大事成大功者，未必办得好小事情，而太苛求细节的人，做不成大事业。"

历久弥新说名句

汉文帝时，陈平担任丞相。皇帝问他："司法一年判刑数量多少？全国一年税收多少？"陈平回答："这些事各有所司。"皇帝问："该谁主管?"陈平说："司法的事问廷尉，税收的事问治粟内史。"皇帝问："百官各有所司，那你丞相干啥?"陈平说："宰相对上辅佐天子调理阴阳，顺应四时，对下让百姓安居乐业；对外宣抚四夷诸侯，对内管理卿大夫各自尽忠职守。"

这番对话既是"分层负责"的经典，同时也是"治大者不治小"名句的实践范例。

名句可以这样用

刘邦赴项羽的鸿门宴，侥幸躲过"项庄舞剑，意在沛公"的危机，借口上厕所"尿遁"逃回灞上。刚溜出宴会时，刘邦还假惺惺："未及向主人辞行，不好意思。"樊哙对他说："大行不顾细谨，大礼不辞小让。"樊哙的重点在后句，此时此刻性命交关，哪还能顾及小节？而前句就和"治大者不治小"是同一道理。

十年生聚，十年教训

——除疾务尽之谏

名句的诞生

（伍员）退而告人[1]曰："越十年生聚[2]，而十年教训。二十年之外[3]，吴其为沼[4]乎？"

——左传·哀公元年（伍员谏平越）

完全读懂名句

1. 退而告人：私下对人说。2. 生聚：生民聚财。3. 之外：之后。4. 沼：污池。

伍员（伍子胥）私下对人说："越国用十年的时间加强生产、蓄积财富，再以十年时间做教育训练。等到二十年以后，姑苏城恐怕要变成一片沼泽（毁灭）了！"

名句的故事

吴王夫差报父仇，打败越王勾践，勾践以极屈辱的姿态请降（男为奴，女为妾），夫差还在考虑是否接受时，伍子胥进谏。

伍子胥首先提出"树德莫如滋，除疾莫如尽"，说明"施恩德务求扩大效益，除祸患务求彻底断根"的道理；然后举少康中兴"有田一成，有众一旅"（十里地，五百人）而能成功的例子，提醒夫差，吴国不比当年灭夏的过浇强大，而勾践残余的力量则大于少康，恐怕后患无穷。

吴王夫差没听进伍子胥的谏言，而伍子胥的预言果然成真——二十二年后，越军攻入姑苏城！

历久弥新说名句

"内无法家拂士，外无敌国外患者，国恒亡。"吴王夫差好大喜功，从来不缺敌国，打败越国之后，仗着兵强马壮，进而逐鹿中原，与齐、晋等大国争诸侯霸王之位，更曾大会诸侯于黄池，真的当上了霸王。

然而，夫差的事业巅峰就只在那一瞬间而已——黄池大会同时间，越军已攻进姑苏。

检讨夫差盛极而衰的转折点，其实在他下令伍子胥自杀的那一刻，从此，吴国不再有人胆敢向君王提出谏诤。也就是"内无法家拂士"，内部没有拂逆君王的忠言；而君王的心中又"外无敌国外患"，因为他看不起所有的敌国，自以为天下无敌。只要这两种情况同时发生，历史告诉我们，这个国家就已经注定了亡国的命运！

伍子胥有大功于吴国，即使得罪夫差，理当不至于死。可是他既已预见亡国，就将儿子送到齐国，托付给朋友，还将儿子改姓氏，因而启了夫差的杀机。

伍子胥犯的错误是：要么就在吴国当一个孤臣孽子；要么就完全脱离，带着妻小远走他国。但他却做了两相冲突的动作，岂不该死！

名句可以这样用

"十年生聚，十年教训"实为败部复活的不二法门。而生聚必先于教训，先振兴经济（富国）才有条件谈强兵，如果人民还在饿肚子，却奢言壮大国防，那就是"穷兵黩武"了。

祸福无门，唯人所召

——以利诱人从命之鉴

名句的诞生

季武子[1]无适[2]子，公弥[3]长，而爱悼子[4]，欲立之。……访于臧纥[5]。臧纥曰："饮我酒，吾为子立之。"……季氏以公鉏为马正[6]，愠而不出，闵子马[7]见之，曰："子无然。祸福无门，唯人所召。为人子者患不孝，不患无所，敬共[8]父命，何常之有？若能孝敬，富倍季氏可也。奸回不轨，祸倍下民可也。"公鉏然之，敬共朝夕，恪[9]居官次。

——左传·襄公二十三年（闵子马使公鉏孝敬）

完全读懂名句

1. 季武子：鲁国三大家族之一，季孙氏的族长。2. 适：嫡。3. 公弥：季武子的长子，即后文所称"公鉏"。4. 悼子：季武子的次子。5. 臧纥：臧孙氏的族长。6. 马正：家族的司马，位次世子。7. 闵子马：鲁国大夫。8. 共：恭。9. 恪：谨。

季武子没有嫡室儿子，公鉏年长，但季武子喜欢悼子，有意立悼子为继承人。为了此事拜托臧纥，臧纥帮忙季武子立悼子为世子，让公鉏担任家族的司马。

公鉏为此生气，不肯搬出长子居处。闵子马去见他，说："你不要这个样子。人的祸福并无一定规则，看你怎么做，就会有怎样的结果。做儿子的，只怕不孝，不怕没位子，只要敬奉父亲的命令，情势是会变化的。如果孝敬父亲，有可能财富倍于正统继承人；如果不听话，灾祸可能临头，到时候连贱民都不如。"公鉏接受他的劝说，恭敬遵守父命，乖乖地搬进司马的房舍。

名句的故事

后来，鲁国另一个大家族孟孙氏的族长孟庄子病重，请来公鉏对他说："如果你能扶立我的庶生儿子羯，我帮你报复臧纥。"

孟庄子病逝，公鉏将羯安排在丧礼主位，季武子质问："长子秩在哪里？"公鉏回顶："这是孟庄子的遗命，不必拘泥长幼。"

之后，三家为此相互攻伐。鲁国史官说："这都是杀嫡立庶、废长立幼以至于此。"

历久弥新说名句

废嫡夺位是历史上的乱之源，但是若嫡子是个蠢才，同样会招致灾难。

西晋惠帝是说出"何不食肉糜"的蠢皇帝。他还是太子的时候,好几次有大臣对晋武帝表示"太子恐怕无法承当国家大任"。晋武帝找了几位比较听话的大臣负责教导太子,一段时间后,这几个马屁精回报:"太子明识雅度,大有长进。"

后来,晋惠帝即位,因为实在太蠢,引起诸王觊觎大位,导致"八王之乱"。这也算是晋武帝"祸福自召"吧!

名句可以这样用

请参考"转祸而为福,因败而为功"一章,比较"祸兮福所倚,福兮祸所伏"与本句,前者意思略同"祸福无门",但是闵子马以利劝诱公鉏,却正是祸端。

唯器与名，不可以假人

——不可破坏制度之论

名句的诞生

于奚[1]救孙桓子[2]，桓子是以免。既，卫人赏之以邑，辞。请曲县[3]、繁缨[4]以朝，许之。仲尼闻之，曰："惜也，不如多与之邑。唯器[5]与名，不可以假[6]人，君子[7]所司也。……若以假人，与人政也。政亡，则国家从之，弗可止也已。"

——左传·成公二年（孔子惜繁缨）

完全读懂名句

1. 于奚：卫国大夫。2. 孙桓子：卫国大夫，名孙林文。在新筑被齐军击败，于奚是新筑守将，救了孙林文。3. 县：同"悬"。曲悬钟磬是诸侯的礼仪，大夫用曲悬是逾越制度。4. 缨：马的装饰。繁缨，也是诸侯礼仪。5. 器：器用，指曲悬与繁缨。6. 假：借。7. 君子：在此为"国君"或"执政者"之意。

于奚在新筑一役救了孙桓子，桓子得以逃过杀身之祸。后来，卫君要赏于奚土地，他推辞土地，请求赐予曲悬和繁缨的特权（比照诸侯排场），卫君准他。孔子听说此事，评论："可惜了，不如多给他（于奚）一些土地。仪仗和名位是绝对不可以轻授的，这是君主的权力基础。……轻授名器等于将政权交到他人手上，政权不握在君主手中，国家就要亡了。这将是挡不住的趋势！"

名句的故事

孔子最重视礼仪制度，认为那是国家制度的表征，一旦破坏了制度，上下之分就没了，国家就乱了。

事实上，自周平王东迁以后，周王室衰微，周公当初订下的制度乃无法维持。其原因是国际形势已变，周礼却一成不变。

《左传》鲁庄公十八年，虢公和晋侯朝拜周天子，周天子给他们同等的赏赐，（虢是公爵，晋是侯爵。但因为晋大、虢小，所以周天子赏赐晋侯"逾分"）孔子因而评论"非礼也"，因为公、侯的爵位有分，不可"以礼假人"。

《论语·八佾》谈的就多是关于谨守礼仪的事情，包括对季氏用"八佾"，孔子说："是可忍，孰不可忍。"子贡想要省去告朔饩羊（祭祀供品），孔子说："尔爱其羊，我爱其礼。"后者和本文"不如多与之邑"同理。

历久弥新说名句

周王室不修改制度，导致制度被破坏，终于无可挽回；孔子拘泥周公之礼，也因此受到后世批评。

然而，孔子虽昧于现实（知其不可而为之，当然不会成功），他的道理却是正确的。后世重臣篡位者多循"赞拜不名"、"剑履上殿"、"假黄钺"、"用九锡"等模式进行，就是先僭越名器，造成人民"反正他只差一步了"的印象，之后那"一大步"就轻松了！

名句可以这样用

即使到了今天，当政者"乱授名器"、因人设事，同样是破坏制度的行为。政府体制一旦乱了，就同样是"弗可止也已"。

耳不听五声之和为聋

——辨明亲疏敌我之道

战国策

大美国学

名句的诞生

王将以狄伐郑，富辰[1]谏曰："不可。臣闻之，大上[2]以德抚民，其次亲亲[3]以相及也。……郑有平惠[4]之勋，又有厉宣[5]之亲，弃嬖宠[6]而用三良[7]，于诸姬为近，四德具矣。耳不听五声[8]之和为聋，目不别五色[9]之章为昧，心不则德义之经[10]为顽，口不道忠信之言为嚚，狄皆则之，四奸具矣。"王弗听，使颓叔、桃子[11]出狄师。

——左传·僖宫二十四年（富辰谏以狄伐郑）

完全读懂名句

1. 富辰：周大夫。2. 大上：太上，至高无上。3. 亲亲：亲近关系较亲者。4. 平惠：周平王与周惠王。5. 厉宣：周厉王与周宣王。6. 嬖宠：佞臣与宠臣。7. 三良：叔詹、堵叔、师叔，三位皆郑国贤大夫。8. 五声：宫、商、角、徵、羽。9. 五色：苍、赤、白、黑、黄。10. 经：常道。11. 颓叔、桃子：二人皆周大夫。

周襄王要以北狄的兵攻伐郑国。富辰劝谏说："不可以。常言道，最高等的领导人是以德施政，一视同仁；其次一等是先亲近关系较亲者，然后渐次扩大。郑国曾经立下辅佐周平王、周惠王的功勋，郑国始祖郑桓公又是周厉王之子、周宣王之弟，郑文公罢黜佞幸而任用贤良，而且郑国是所有姬姓（周王室同姓）诸侯当中最靠近的，具备了勋、亲、贤、近四项优点。至于北狄族，他们的音乐不是五声音阶，不以五色分辨颜色（文化不同），行为不遵循我们的常道，说话不讲忠信，具备了聋、昧、顽、嚚四项缺点。"（他的意思是说，郑是亲近之国，狄是化外异族，不可引异族攻亲族。）但是周襄王不听，仍然派颓叔和桃子去狄国，请他们出兵。

名句的故事

狄军为周襄王出了怨气，襄王娶狄君之女隗氏为后。结果，王子姬带私通隗氏，襄王就废了狄后，而颓叔和桃子却引狄军进攻周王畿，襄王出奔，颓叔、桃子拥立王子姬带。

猜猜看襄王逃去哪里？——郑国！

历久弥新说名句

同姓究竟可亲,还是可畏?

汉高祖刘邦诛杀功臣,规定非刘姓不封王,他防范外姓而信任同姓,但是后来发生"七国之乱",差点政权转移。

西晋的教训更严峻,"八王之乱"搞垮了政权,于是五胡乱华。

结论是富辰那一句"大上以德抚民",只有普行仁政,一视同仁,才是致太平之道——只要"分",就会异类相斥,就是最大危机。

名句可以这样用

"耳不听五声之和为聋"是排斥异族文化的说法,今天已经不适用。但是若有耳不能听、有目却不明,领导人耳不聪、目不明、心不正、言不信,则无异于聋子、瞎子、邪徒、骗子!

天生民而树之君

——利民养民之道

名句的诞生

邾[1]文公卜迁于绎[2],史[3]曰:"利于民而不利于君。"邾子曰:"苟利于民,孤之利也。天生民而树[4]之君,以利之也。民既利也,孤必与[5]焉。"左右曰:"命可长也,君何弗为?"邾子曰:"命在养民,死之短长,时也。民苟利矣,迁也,吉莫如之。"邾文公卒,君子[6]曰:"知命。"

——左传·文公十三年(邾文公知命利民)

完全读懂名句

1. 邾:诸侯名,位于山东境内,为子爵之小国,故以下称"邾子"。2. 绎:地名。卜迁于绎:为迁都于绎而卜卦。3. 史:人名,瞽史是一个会卜卦的瞎子。4. 树:立。5. 与:用法如"参与"之与。6. 君子:左丘明自称。

邾文公计划迁都于绎，事先卜卦。瞽史说："卦象对人民有利，对国君不利。"邾文公说："只要对人民有利，就是对我有利。上天创造人类，所以为他们立君，以造福人民。人民有利了，国君也有份哪！"侍臣说："不迁都可以长命，国君为何不为自己寿命打算？"邾文公说："国君的使命就是养民，什么时候该死，和迁不迁都无关。只要对人民有利，就迁！没什么事比这（利民）更吉祥的了。"果然，迁都以后不久，邾文公就去世了。左丘明评论：邾文公实在是一位懂得"天命"的国君。

名句的故事

一位以人民利益至上的国君，人民一定也会回报国君。

邾国和鲁国为了领土问题而开战，鲁国大而邾国小，鲁国是公爵、邾国是子爵，所以鲁僖公看不起邾国，没有做必要的防御措施（如预防伏兵等）。

鲁国大夫臧文仲引用《诗经》的"战战兢兢，如临深渊，如履薄冰"，劝鲁僖公谨慎以对。可是鲁僖公不听，结果鲁军大败，鲁僖公的甲胄被邾国挂在城门上（被羞辱）。

邾国战胜鲁国，除了鲁国轻敌致败之外，邾国人民勇于为国君作战，肯定也是重要因素。

历久弥新说名句

回味一下"善不可失,恶不可长"一章的故事:陈桓公看不起郑国,认为宋国和卫国才是对手,郑国不足为惧,结果大败。当时陈国大夫五父就曾说:"亲近贤人,是国家之宝。"意思是任用好人,国政就会好,人民就会对国君效忠,这和"利民即利君"的道理是相通的。

名句可以这样用

再对照一下"苟无民,何以有君",这一句不正好是"天生民而树之君"的最佳注解吗?

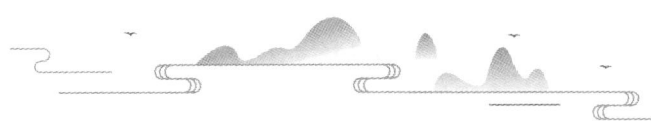

春搜、夏苗、秋狝、冬狩
——顺应时序治国之道

名句的诞生

公[1]将如棠[2]观鱼者。臧僖伯谏曰："不轨[3]不物[4]，谓之乱政。乱政亟行[5]，所以败也。故春搜、夏苗、秋狝、冬狩[6]，皆于农隙以讲事也。……若夫山林川泽之实[7]，器用之资[8]，皂隶[9]之事，官司之守，非君所及也。"公曰："吾将略地焉。"遂往陈鱼[10]而观之。

——左传·隐公五年（臧僖伯谏观鱼）

完全读懂名句

1. 公：鲁隐公。2. 如：前往。棠：鲁国边境一地名。3. 不轨：订定制度为"轨"，不轨则指不守制度。4. 不物：规定物用彩饰为"物"，不物则指破坏服饰器用的规矩。5. 亟行：一再施行。6. 春搜、夏苗、秋狝、冬狩：古代田猎因季节不同而给予不同名称。

狝：音xiǎn。7. 实：出产。山林川泽之实：林产与水产。8. 资：材料。9. 皂隶：基层公务员。皂，音zào，同"皂"。10. 陈：张列。陈鱼：张设捕鱼之具。

鲁隐公要去棠地看捕鱼。大夫臧僖伯劝谏："不守制度、破坏规矩就叫做乱政。乱政一再施行，是国家败亡的原因。所以，春天打猎称为'蒐'：只猎取禽兽未怀孕者；夏天打猎称为'苗'：去除那些会伤害田苗的动物；秋天打猎称为'狝'：配合肃杀之节气；冬天打猎称为'狩'：作物已收成，可以尽情猎捕。都是在农闲之时，借田猎以训练武艺、培养战士。至于林产、水产这些东西，都是日常生活所需，属于基层小吏的工作，已各有分层负责，不该君王亲自去做。"鲁隐公说："我就是为了巡视边境防务才要去棠地啊！"于是去到棠地，大张捕鱼的阵仗，赏心悦目一番。

名句的故事

由这个故事可以看到古代的国君生活是何等贫乏。尤其鲁国是周公的后代，鲁国君臣一向以礼仪的守护者自居，诸侯之间有纷争，都还会到鲁国来请求"释礼"（有点像大法官释宪）。所以，鲁隐公只是想看一看捕鱼的盛况，都不免于大夫的诤谏。

历久弥新说名句

唐宪宗喜好佛教，朝中"马屁集团"将法门寺三十年才开一次的佛骨塔中所藏佛指舍利（数年前曾来台湾展览）迎入宫中，刑部侍郎韩愈上疏进谏，举南梁武帝萧衍因好佛而亡国的故事为鉴，主张将佛骨烧成灰烬。差一点，这位"文起八代之衰"的大文豪就因此丢了脑袋。

臧僖伯和韩愈的重点都在于，观鱼和供奉佛指舍利都不免于扰民。也就是说，国君最忌讳就是打乱了人民的生产节奏，而且，国君放纵自己，上有好者下必有其焉，上下一齐放纵，就是乱政。

名句可以这样用

我们常用"春耕、夏耘、秋收、冬藏"来描述农业社会的四季工作，和"春蒐、夏苗、秋狝、冬狩"一样，是不失农时的意思。

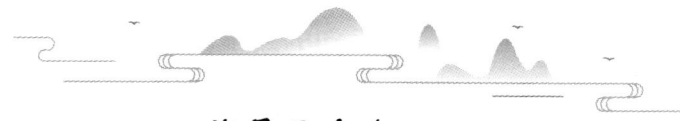

施恩于穷士

——买进投机股之策

名句的诞生

谓周君曰:"今君将施[1]于大人,大人轻[2]君;施于小人,小人无可以求,又费财焉。君必施于今之穷士,不必且为大人者,故能得欲矣。"

——战国策·东周策

完全读懂名句

1. 施:施惠。2. 轻:轻视。

(杜赫)对东周国君说:"君王现在如果将财货致赠大人物(诸侯重臣),那些大人物反而轻视您;但若将恩惠施于小人物,对您无帮助,反而浪费了金钱。所以,君王应该施恩于目前尚未得志的才智之士,说不定哪天飞黄腾达了,就可以达到您的目的。"

名句的故事

楚国大夫杜赫想要让周文君礼遇景翠，就对周文君说了这番道理。

杜赫的重点在于，周王室衰微且分裂，为了笼络诸侯，总是送礼物给诸侯的重臣，但是那种做法成本既高，且反而招致轻视，不如将有限的筹码押在"赔率较高"的对象上面。

杜赫当时还以张网捕鸟为喻，将罗网架设在没有鸟的地方，一整天也捕不到鸟；架设在很多鸟的地方，则容易惊动鸟群而飞走。擅长捕鸟的人，总是将网架设在有鸟无鸟的中间地带，就能有所收获。

历久弥新说名句

人在得意的时候，对于各种礼遇、赞美、谄媚，总是视为理所当然，一旦失势则惶惶然如丧家之犬，值此时刻礼遇之，常能收到极佳的效果。

景翠曾经在楚国权倾一时，官爵达到了最高位（参考"战胜无加，不胜则死"一文），一旦下台，而周君给予礼遇，若有东山再起之日，楚国必定能成为周王室的后盾，这是杜赫所言具有说服力之处。

秦亡、楚汉相争时，刘邦派韩信攻打赵国，赵国的成安君陈余不采纳李左车的建议在井陉截击韩信，而让韩信安然通过井陉。后来韩信将赵军打败，下令"一定要找到李左车"。

李左车被五花大绑送到韩信帐下，韩信亲自为李左车松绑，并且请他上座，向他请教平定燕国的策略。李左车先是谦称"败军之将不可言勇"，之后向韩信献策，不费一兵一卒让燕国归附——韩信就是利用了前述的心理。

韩信说服李左车，引用了"百里奚居虞而虞亡，在秦而秦霸"的故事，这个故事便是"施恩于穷士"的最佳事例。

百里奚原本是虞国大夫，虞国被晋国灭亡，他成为俘虏。晋献公将女儿嫁给秦穆公，百里奚也在陪嫁随从之列，但是他中途脱逃，在宛地被楚国人捉去。

秦穆公一向听说百里奚是个人才，但是恐怕用重金去赎的话，楚人反而警觉，于是派人去说："我的夫人随从逃亡到贵国，愿以五羖（五张羊皮）赎他回来。"楚国人将百里奚"引渡"回秦国，秦穆公向他请教国家大政，百里奚与秦穆公对谈三天，秦穆公非常欣赏，封他为"五羖大夫"，委以大任，襄助秦穆公成为春秋五霸之一，而秦穆公的"成本"只有五张羊皮！

名句可以这样用

穷士的"穷"不是贫穷的意思，而是"窘迫困顿"（不得志、失意）的意思。也就是那些怀才不遇或时运不济的才智之士，并非指平凡的穷人。

另外有一个词叫做"烧冷灶",但多半应用在支持有潜力的"下台凤";"施恩于穷士"则应用于居上位者拉拔人才。

若应用到股市投资方面,买进热门股或当红主流股,成长的空间可能有限,搞不好还被高档套牢。如果将有限的资金选择可能"咸鱼翻身"的股票押注,一旦发飙,获利可观。当然,这是投机的做法,也可能血本无归,但若以东周君的处境而言,他的筹码已少,却不能选择保本退出,也只有这条路可走了。

待人接物之策

凤凰不翔，麒麟不至

——将心比心的说服之策

名句的诞生

赵豹、平原君[1]，亲寡君之母弟也，犹[2]大王之有叶阳、泾阳君[3]也。……臣闻之："有覆巢毁卵，而凤凰不翔；刳胎焚夭[4]，而麒麟不至。"今使臣受大王之令以还报，敝邑之君，畏惧不敢不行，无乃伤叶阳君、泾阳君之心乎？"

——战国策·赵策

完全读懂名句

1. 赵豹、平原君：二人皆赵孝成王之弟，赵胜封平原君，赵豹封平阳君。参考"贵不与期，而富至"一章故事。2. 犹：有如。3. 叶阳、泾阳君：二人皆秦昭王同母弟。4. 刳：剖开。刳胎焚夭：剖开兽胎、焚烧小兽（烤食）。

（赵国使者谅毅对秦昭王说）赵豹和平原君都是我们国君一

母亲生的弟弟，好比大王有叶阳君和泾阳君。我听说过："如果有弄翻鸟巢、毁坏鸟卵的情事，凤凰就不会飞来；如果有剖开兽胎、烤食幼兽（乳猪、小羊等）的情事，麒麟就不会来。"（意谓伤害幼小是不吉祥的。）如今我若将大王的命令回报，我们国君不敢不遵行，岂不会伤了叶阳君和泾阳君的心吗？

名句的故事

秦国攻下魏国的宁邑，诸侯都派使节前往祝贺，只有赵王派去的使节往返三次都不获接见，赵孝成王为此忧心（秦昭王摆明是给脸色看）。有人推荐谅毅，谅毅去到秦国，秦王派人对他说："赵国如果一概照寡人之意去办，我就接受国书和贡礼，否则的话，就请回吧！"

谅毅表示"唯命是听"，秦昭王乃接见他，见面第一个要求就是："赵豹和平原君屡次戏弄寡人（事实是，二人为赵国干城，屡次抵御秦国侵略，尤其平原君的国际关系极好），若赵王能杀此二人，一切好谈，否则我将率领诸侯联军兵临邯郸城下。"

谅毅以前述说法要秦昭王"将心比心"，并且冠上杀雏不祥的大帽子，秦昭王只好说："好吧！那就不许他二人参与政事！"谅毅只能答应，回国复命，但赵国总算度过一次危机。

历久弥新说名句

谅毅引用的是孔子的话，分别见诸《史记·孔子世家》和《大戴礼·易本命》，原句是："刳胎焚夭，则麒麟不至郊；竭泽涸渔，则蛟龙不合阴阳；覆巢毁卵，则凤凰不翔。"其寓意是"天生人、禽兽、万物、昆虫，各有以生"，也就是古早的生态保育观念。

名句可以这样用

不提"覆巢毁卵，刳胎焚夭"，单用"凤凰不翔，麒麟不至"，则是指多行不义或施政暴虐之后，各种好事情都不再降临——来的都是天灾人祸。

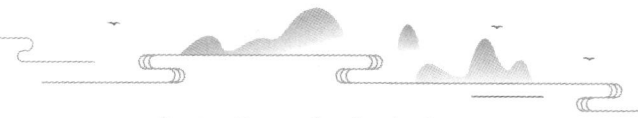

人事已尽，鬼事未闻
——因人而异的游说之策

名句的诞生

孟尝君将入秦，止者[1]千数而弗听。苏秦欲止之，孟尝君曰："人事[2]者，吾已尽知矣；吾所未闻者，独鬼事[3]耳。"苏秦曰："臣之来也，固[4]不敢言人事也，固且以鬼事见[5]君。"孟尝君见之。

——战国策·齐策

完全读懂名句

1. 止者：劝阻的人。2. 人事：人间之事。3. 鬼事：鬼神之事。4. 固：就是，的确。5. 见：请见。

秦国聘请孟尝君去担任宰相，劝阻他的人超过千人，可是他都不听。苏秦有意劝阻他，孟尝君说："人间之事我已经全都知道了（所有说法都听遍了）；我没听过的只剩鬼神之事了。"（意图推却苏秦。）苏秦说："我这一次前来，的确不敢谈人间之事，就是要和阁下面谈鬼神之事。"孟尝君推不掉，只好接见他。

名句的故事

苏秦对孟尝君说了什么"鬼神之事"？故事如下：

"我（苏秦）来的路上，经过淄水，在河边听到一个土偶和一个桃梗（木偶）对话。木偶对土偶说：'你是西岸之土塑成的，等到雨季来临，大水涨上来，土遇到水，你就残破了。'土偶说：'你错了。我原本就是岸边之土，纵使被大水冲坏，不过回归两岸罢了。你呢？是以东岸的桃梗雕成，雨季来临，大水上涨，你根本不晓得自己会漂到哪里去啊！'"

然后苏秦分析，秦国不是祖国，此去如入虎口，进去就不晓得能不能出来了！于是孟尝君打消入秦之意。

这个木偶与桃梗的对话比喻，单单《战国策》就有二则记载，另一"策"是苏秦对赵国大将李兑说的，只不过场景由河岸边变成了田埂。看来，苏秦还满喜欢用这个譬喻的，而且能够就近取譬。

历久弥新说名句

这是秦国第一次邀请孟尝君去当宰相，由于苏秦（《史记》记载是苏代）的劝阻而未能成行。秦国第二次提出邀请，孟尝君就去了，结果差一点被苏秦说中而回不了齐国，全仗门下"鸡鸣狗盗"之徒，才得以脱身。

从秦国回到齐国，齐愍王才觉悟人才不应外流，就任命孟尝君为宰相。但是不久就遭小人中伤而下台，又去到魏国当宰相。齐愍王在燕国乐毅伐齐时去世，田单拥立齐襄王，以二城复齐后，孟尝君回到封地薛城，另称"薛公"，在诸侯之间采取中立（独立小国，如欧洲的列支敦斯登）。

如此人才，"漂流"各国都当宰相，但却都不见容于小人。最终还是回到根本地盘，才免于"木梗之患"。（成语出自此典。）

名句可以这样用

苏秦（或苏代）碰到孟尝君这种"人事已尽，鬼事未闻"的角色，能够随机应变，立即想出一个偶像对话的寓言，用俗语来形容，真是"见人说人话，见鬼说鬼话"的经典之作了。

有实无名，有名无实
——激怒君王的险策

名句的诞生

有其实而无其名者，商人是也，无把铫[1]推耨[2]之势，而有积粟[3]之实，此有其实而无其名者也。无其实而有其名者，农夫是也，解冻而耕，暴背而耨，无积粟之实，此无其实而有其名者也。无其名又无其实者，王乃是也，已立为万乘[4]，无孝之名，以千里养，无孝之实。

——战国策·齐策

完全读懂名句

1. 铫：音yáo，此指大锄头。2. 耨：音nòu，除草的农具。3. 粟：谷物的总称。4. 万乘：依照周制，天子地方千里，兵车一万辆，后世因称天子为"万乘"。

有实无名的人是商人，他们不受下田耕作之苦，却拥有满仓谷粮，这就叫做"有实而无名"。无实有名的人是农夫，严冬才过就得下田耕作，夏天则曝晒在骄阳下锄草，却家无存粮，这就叫做"无实而有名"。既无实又无名的是大王陛下啊！已经贵为万乘之国的君王，却无孝名；拥有千里国土供养自己，却无孝行。

名句的故事

秦始皇的母亲与嫪毐发生奸情，秦始皇车裂嫪毐，废黜太后。

秦国的处士顿弱见秦始皇，劈头就是前述那番议论，秦始皇当然大怒。而顿弱急忙申述："大王的威风不能加于东方六国，却先加之于母后，臣深为大王感到委屈。"

秦始皇是个有野心的君主，闻言即知顿弱不是要来羞辱他，而是有"统一大计"要来献策，就让他说下去。结果，秦始皇采纳了顿弱的建议，拨给他万金去游说诸侯，并且让赵国杀了名将李牧。除了楚国之外，另外五国都归顺秦国，也就是再度拉起"连横"阵线，孤立强敌楚国。

历久弥新说名句

顿弱走的是一步险棋，但是他成功地刺激了秦始皇，愿意倾听他的献策。然而，这一招万一不生效，就有可能引来杀身之祸。

《三国演义》话说曹操有意招安荆州刘表，得物色一个人去当说客，贾诩推荐孔融，孔融推荐祢衡。曹操召来祢衡，试探他的才能，祢衡却将曹操手下谋臣战将批评得一文不值："荀彧只能吊丧问疾、荀攸只能守墓、程昱只能看管门户……其余皆是衣架、饭囊、酒桶、肉袋。"之后又演出"击鼓骂曹"。

曹操大怒，但不想背负诛杀知识分子的骂名，就派祢衡去游说刘表。祢衡见了刘表，又是口中颂德，其实讥讽，刘表就假手黄祖杀了祢衡——这是三十六计当中的"借刀杀人"。而祢衡只达到了激怒的目的，却完全没有机会发挥才能。

名句可以这样用

顿弱的"有实无名，有名无实"虽为比喻，但是对农业社会中，农夫终年辛苦却家无余粮，商人则成为中间剥削阶级的情况，的确做了真切的描述。

君子杀身以成名

——劝人功成身退之策

名句的诞生

若此三子[1]者，义之至、忠之节也。故君子杀身以成名，义之所在，身虽死，无憾悔，何为不可哉？

——战国策·秦策

完全读懂名句

1. 三子：秦国的商鞅、楚国的吴起、越国的文种三人，都对国家做出重大贡献，却都没有好下场。

以上这三位（文种、商鞅、吴起），堪称义行的极致、忠臣的典范。所以说，君子常能牺牲性命以成全名节，只要是大义所在，即使失去生命也无所遗憾、懊悔，为什么不能效法呢？

名句的故事

游说之士蔡泽进入秦国，四处放话："我一旦见到秦王，必定取代宰相范雎的地位。"范雎派人找来蔡泽，蔡泽鼓动如簧之舌，劝范雎功成身退把宰相位子让给他坐。

在两人言辞交锋当中，蔡泽问范雎："从前秦国的商鞅、楚国的吴起、越国的文种，他们可有好下场？"

商鞅变法让秦国富国强兵，吴起为楚悼王开疆拓土，文种辅佐勾践复国，三人都为国家立下不世功勋，但其下场都很惨——商鞅车裂、吴起乱箭身亡、文种被勾践逼死。

范雎对蔡泽做了前述答复，可是蔡泽提出："如果一定要等到身死才能成全名节，其结果将是陷国家于动荡、害君王蒙上不仁之名。为什么阁下不在此时功成身退？保全自己的生命和荣华富贵，爵位也能传给子孙。"

范雎接受了蔡泽的游说，向秦昭王推荐蔡泽，范雎自己称病不朝，把宰相位子让给了蔡泽——这几乎是战国时代绝无仅有的事例。在当时，常见才智之士相互斗争排挤，至多推荐人才作为自己的党羽奥援，绝少功成身退、让位贤能的情形。

历久弥新说名句

春秋五霸之一的齐桓公用管仲而富强齐国。管仲原本是齐桓公的仇人，他曾帮助公子纠与桓公争位，暗杀齐桓公不成，但齐桓公采纳鲍叔牙的建议，不计前嫌任命管仲为宰相。齐桓公成为名君，管仲成为名相。

然而，有人批评管仲腼腆事仇，不能为公子纠"尽节"。管仲说："人家认为我不能死节为可耻，我却认为，有才能而不能让国家的威信布于天下才是可耻。"

名句可以这样用

应该"杀身以成名"，还是应该"包羞忍耻以报国"？这个问题恐怕永远没有正确的答案。同样的，功成应不应该身退？也没有一定的结论。唯一可以确定的，就是多数人做不到！

世人不为"名"，即为"利"；为名者可以死而无悔，逐利者更无畏于身败名裂。然而在名利双收之后，急流勇退才不失为持盈保泰之策。

曾参杀人，慈母不能信

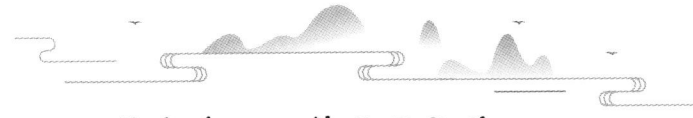

——预防谗言相害之策

名句的诞生

有与曾子同名族者而杀人，人告曾子母曰："曾参杀人。"曾子之母曰："吾子不杀人。"织自若[1]。有顷[2]焉，人又曰："曾参杀人。"其母尚织自若也。顷也，一人又告之曰："曾参杀人。"其母惧，投杼[3]逾[4]墙而走。

——战国策·秦策

完全读懂名句

1. 自若：态度自然如平常一般。2. 有顷：一会儿。3. 投杼：丢下手中的梭具。杼：音zhù，织布机上牵引纬线的工具。4. 逾：越过，跳过。

有一个和曾参同名同姓者杀了人，有人告诉曾子的母亲"曾参杀人"，曾子的母亲说："我儿子不会杀人。"便继续织布，神情自若。过一会儿又有人来说"曾参杀人",曾母仍然照常织布。又过一会儿再来一人说"曾参杀人",这次曾子的母亲害怕了,丢下织布的梭子,越过墙逃走。

名句的故事

这是甘茂对秦武王讲的一则寓言。

秦武王派甘茂前往魏国缔盟,联兵攻韩。甘茂完成使命之后,秦王要甘茂率军攻打韩国的宜阳。甘茂分析宜阳的地形易守难攻,恐怕要打很久才攻得下,他担心久攻不下会受到樗里疾和公孙衍(同为秦国客卿,是甘茂的政敌)的谗言陷害,于是对秦武王说了这个寓言,然后申论:"以曾子那样的圣贤之人,以曾母对儿子的信任,在连续三人表示'曾参杀人'之后,尚且不得不相信。那么,以我这个不如曾子贤明的客卿,且大王对我的信任不如曾母信任曾子,只怕不必三个人提出对我的质疑,大王就要'投杼'了。"

秦武王说:"你放心,我一定不听他人闲话。"为了安甘茂之心,秦武王与甘茂在"息壤"地方订下盟约。

甘茂攻宜阳,五个月尚未能攻下。樗里疾和公孙衍二人果然在秦王面前"打针下药",秦王召回甘茂予以警告。甘茂见了秦武王,说:"息壤就在那个地方啊!"(提醒息壤之盟及当初之言。)武王说:"我记得。"于是加派兵力,终于攻下宜阳。

(甘茂攻宜阳的故事,请同时参考"战胜无加,不胜则死"

一文。)

历久弥新说名句

晋文公在即位之前，流亡国外，后来得到秦穆公的支持回国执政。将要渡河（秦晋界河）之时，随同流亡多年的舅舅狐偃对晋文公说："这些年来我多有得罪之处，请国君自此归国，我情愿死在这里。"晋文公将一块璧玉投入河水，发誓："我若不与舅舅同心，有如此水。"（意谓以璧为信物，以河神为见证。）同为国君与臣子缔约的故事。

名句可以这样用

"曾参杀人"现在引申为"众口一词可以颠倒是非黑白"。甘茂与秦武王的盟约，则是成语"息壤在彼"的典故，引申为"不忘誓约"。至于狐偃与晋文公的盟誓，除了应证"预防谗言加害的先见之明"外，更见证了"伴君如伴虎"，尤其侍候雄才大略之君，益发得小心。

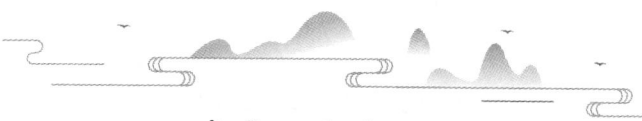

三人成虎，十夫揉椎

——提醒众人相谗危机之策

名句的诞生

今君虽幸于王，不过父子之亲，且君擅主轻下之日久矣。闻"三人成虎，十夫揉[1]椎[2]；众口所移，毋[3]翼而飞"，不如赐军吏而礼之。

——战国策·秦策

完全读懂名句

1. 揉：使弯曲。2. 椎：敲打东西的器具。3. 毋：通"无"。

阁下虽然得到君王的宠信，但是不会超过父子的骨肉之亲，况且阁下长期以来，依恃君王宠信而轻慢部下（部下累积不满情绪）。常言道："三个人说有老虎，大家就相信有老虎；十个人说某人力能折弯铁椎，大家也会相信。当大家都这样说时，事实真相就不翼而飞了。"阁下何不赏赐部下且礼遇他们呢？

名句的故事

秦国大将王稽带兵攻打赵国都城邯郸，经过 17 个月苦战仍攻不下来。王稽帐下一位策士就劝他赏赐部下，但是王稽说："我和君王（秦昭王）彼此相互信赖，君王不会听信他人谗言。"但是，后来军吏因为不堪长期苦战，造谣说王稽和副将杜挚意图反叛，秦昭王大怒，诛杀王稽。

历久弥新说名句

这句名言可以对照"曾参杀人，慈母不能信"的故事来看。

"三人成虎"和"（三人说）曾参杀人"的道理是一样的，成语的用法也差不多。可是两个故事的主角甘茂和王稽，两人的智能却不可同日而语。

甘茂是预见万一战事不顺利，一定有政敌会陷害他，因此预先在秦王面前"打预防针"，秦武王于是与他盟约（再回味一下"息壤在彼"成语），因而保住了地位和性命；王稽则不听谋士之言，结果丢了脑袋。二者差别可能在于，甘茂是客卿，地位不稳，朝中又有政敌，所以有危机意识；王稽则依恃秦昭王的宠信，所以缺乏危机意识。

另一种思考是，甘茂攻宜阳不下，拿出私有财宝赏赐军队（参考"战胜无加，不胜则死"），终于打胜；王稽的谋士建议王稽赏赐士兵的理由如果是"重赏之下必有勇夫",说不定王稽会接受,战事也能成功。

《战国策·魏策》另有一个"三人成虎"的故事。庞葱随同魏国太子到赵国当人质,以"三人成虎"的道理,希望魏惠王不会因谗言而不信任庞葱。但是后来魏惠王仍然听信谗言,太子回国(交接人质任务完成)后,庞葱却遭闲置,这就是魏惠王的智能不及秦武王了。

名句可以这样用

《淮南子》中也说道:"三人为虎,一里桡椎。"一里是指一里地方的众人,意思与本篇名句一样,道理都是"众口所移,不翼而飞"——众人之口可以改变、曲解、捏造事实真相。

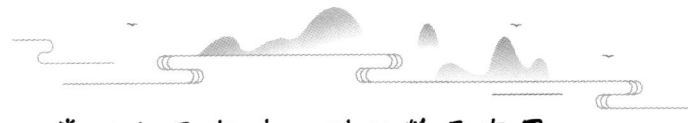

赏必加于有功，刑必断于有罪

——冒死进言之策

名句的诞生

（范雎献书昭王）语曰："人主赏所爱，而罚所恶。明主则不然，赏必加于有功，刑必断于有罪。"今臣之胸不足以当椹质[1]，要[2]不足以待斧钺[3]，岂敢以疑事尝试于王乎？

——战国策·秦策

完全读懂名句

1. 椹质：一种古代的刑具，是腰斩时垫在刑犯身体下面的砧板。椹，音zhēn，同"砧"。2. 要：此指人身体躯干的中段部分，通"腰"。3. 斧钺：古代斩刑所用的工具。钺：音yuè，似斧而较大的兵器，也作刑具。

（范雎入秦，上书秦昭王的一段提到）常言说："平庸的君主对他宠爱之人行赏，而对他不喜欢的人行罚。但是英明的君主恰恰相反，奖赏必定是给有功劳的人，刑罚必然加于有罪之人。"如今臣的胸脯禁不起放在行刑台上（行刑），臣的腰部也挡不住斧铖（刑具），哪里敢用不切实的主张向大王进言呢？

名句的故事

范雎是初到秦国的游说策士，他很清楚秦国当时的问题在于太后和魏冉当权（太后之弟，时任宰相）。可是向秦王建议排除太后与国舅可是要冒生命危险的，所以在上书中先捧秦昭王是"明主"，再申述赏罚之道（不应以君王好恶，而应以臣子功过为依据），然后表明"我可是冒着生命危险进言的哦"。

秦昭王看懂范雎的意思，所以在接见范雎时，"屏（支开）左右，宫中虚无人"，自己跪着向范雎请益（以示诚意，让范雎放心直言）。

范雎于是明言："大王上畏太后，下惑奸臣。"昭王则明白保证："事无大小，上及太后，下及大臣，愿先生悉以教寡人。"君臣彼此交心之后，范雎提出"远交近攻"的大战略，秦昭王听后认为范雎是他的"管仲"，并且废太后、罢黜魏冉，任范雎为宰相。

历久弥新说名句

范雎的"策"是高明的，而他的"道"——赏罚之道——更是至理，否则不足以打动秦昭王之心。

《韩非子》最重视赏罚之道，他认为"赏无功"会让臣子、人民崇尚拍马屁，"有罪不罚"则使臣下容易为非作歹，而这都是"礼之本"。《韩非子》记载齐王向文子请教治国之道，文子说："赏与罚是治国的利器，君主必须牢牢地抓在手中，绝不可以交给他人。"

汉高祖刘邦得天下后，与诸将群臣相约"非同姓不王，非有功不侯"，奠立汉朝封建帝国的制度。后来诸吕之乱就因刘邦这个誓约而得以平服（有法理依据，名正言顺）。不过后来，汉帝封宦官为侯爵，破坏了制度，汉室因而中衰，这是"赏无功为乱源"的鉴戒。

名句可以这样用

"赏必加于有功，刑必断于有罪"，两个"必"字都是双向意思——赏只给有功者，有功者也必须得赏；刑罚不能加于无罪，有罪者也必须给予惩罚。若只是单向的有赏或不罚，是不够的。

大美国学 战国策

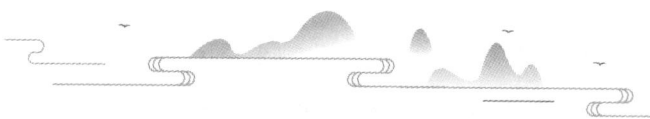

耳不聪，目不明
——点醒国君听谏之策

名句的诞生

医扁鹊见秦武王，武王示之病，扁鹊请除。左右曰："君之病，在耳之前、目之下，除之未必已[1]也，将使耳不聪、目不明。"君以告扁鹊，扁鹊怒而投其石[2]曰："君与知之者谋之，而与不知者败之。使此知秦国之政也，则君一举而亡国矣。"

——战国策·秦策

完全读懂名句

1. 已：病愈的意思。2. 石：指砭石，古老的医疗用具。古人为了解除疾病痛苦，以石块磨成尖石或片状，破开脓包及放血等。

名医扁鹊晋见秦武王，武王把患部给扁鹊看，扁鹊建议动手术割除。但秦王的侍臣说："国君的患部在耳朵前方、眼睛下方部位，动手术割除未必能根治，说不定反而弄得耳听不清、目视不明。"秦武王将近臣意见告诉扁鹊，扁鹊气得将砭石丢到地上，说："大王跟懂得医术的人商量治疗方法，却因不懂医术之人的意见而放弃。由此可知秦国的政治（不会好）了，陛下（早晚）有一天会败掉国家。"

名句的故事

相传黄帝时有神医名叫扁鹊，《史记》则记载扁鹊是春秋时代的名医。很可能，当时名医常自号"扁鹊"以为广告，犹如后世名医都称"华陀再世"。

《战国策》这一则看来是寓言，可能是某位策士游说某国君的引喻。其重点当在于："与知之者谋之，而与不知者败之，才是君王耳不聪、目不明的病根！"

历久弥新说名句

西汉哀帝时，匈奴单于派使节向汉帝国表示愿意入朝。然而，当时汉朝国力中衰，答应匈奴入朝的话，得有赏赐，也就是以财物换取边境安宁。汉哀帝征询公卿意见，公卿大多认为"不宜虚耗公帑"，于是谢绝了匈奴使者。

黄门郎扬雄进谏，提醒汉哀帝，国家安定贵于尚未发生乱象之前治理，国家安全贵于尚未开战之前预防，他说："明者视于无形，聪者听于无声。"若能够在事件未发生之前预防未然，才能"兵革不用，忧患不生"。汉哀帝闻言醒悟，赶快召回匈奴使者，回报单于同意匈奴入朝。

名句可以这样用

因为有扬雄这样的直谏之臣，汉哀帝才听得到忠言，也才能"耳聪目明"。一位领袖如果身边尽是庸碌之辈，只会讨好，总是主张保守，领袖就"耳不聪、目不明"了。

然而，人性总是讳疾忌医的，在"耳前眼下"动手术，当然会令人忐忑不安，所以秦武王会因近臣之言而持保留态度。人性也总是好逸恶劳的，所以汉哀帝会采纳众公卿"省事省钱"的建议。由此可以见得，居上位者要维持耳聪目明，得有直谏之臣，自己还要有听懂忠言的智能。

弗知而言为不智，知而不言为不忠

——强调忠贞之策

名句的诞生

张仪说秦王曰："臣闻之，弗[1]知而言为不智，知而不言为不忠。为人臣不忠当死，言不审[2]亦当死。虽然，臣愿悉言所闻，大王裁[3]其罪。"

——战国策·秦策

完全读懂名句

1. 弗：不的意思。2. 审：详细，周密。3. 裁：判断，决断。

张仪游说秦惠王："常言道：对事情未能透彻了解就发言，称不上智者；了解状况而不讲真话，算不得忠贞。做臣子的人若不忠，就该死；提出的建议不周全，也该死。尽管如此，我还是甘愿（冒死）将我所知道的全部提出来，由大王裁定我是不是该死。"

名句的故事

这是张仪游说秦惠王的前言,在一番长篇大论(连横)之后,他的结语呼应了前言:"我冒死来见大王,提出破解六国合纵的战略。如果大王采纳试行我的献策,不能因此而攻下赵国,灭亡韩,迫使楚、魏称臣,联合齐、燕加盟,让天下诸侯都来朝贡,那么就请大王砍下臣的脑袋,在国境内巡回示众,作为以后为国君谋划不忠者的警惕。"

亦即,张仪用"冒死进言"的策略,强调他是忠贞之言,如果他提出的战略不成功,甘愿赔上自己的脑袋。一上来就争取到"畅所欲言"的机会,最后再重申不成功就砍脑袋,以赢取秦惠王的信任——这个人甘愿被砍头,那他所说的一定有几分道理,至少,他是对君王忠心的。

历久弥新说名句

《吕氏春秋》记载:惠施第一次见白圭(两人皆战国魏人),惠施就滔滔不绝提出一大堆主张,白圭都不响应。惠施走了以后,白圭对门人讲了一个寓言:

有个卫国人新娶媳妇,新妇进门,看到僮仆拿着火炬,说:"火炬太大了。"走进屋里,看见屋中地上有一个凹陷,说:"填平它,免得害人伤到脚。"

火炬太大是浪费，地上有坑是陷阱，那些话都是好意，可是不合新娘身份（讲得太早了，应等到当家才讲）。白圭的意思是，惠施未免"交浅言深"了。

比较惠施和张仪，显然张仪的游说技巧比较高。差别在于，惠施和白圭以后还有很多机会再谈，而张仪却可能只有那么一次机会，必须立即打动秦惠王的心，所以采取"危言"策略。

名句可以这样用

忠言通常逆耳，但是大老板如果认为那是忠言，即使逆耳也会愿意倾听，"冒死以闻"则是强调忠贞的不二法门。"这番话如果不讲出来，我就是对您不忠"，则是争取发言权的最佳策略。

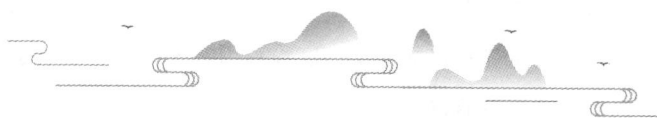

一发不中，前功尽弃

——劝人见好就收之策

名句的诞生

谓白起曰："楚有养由基[1]者，善射，去柳叶者百步而射之，百发百中。……客曰，百发百中而不已善息，少焉[2]气力倦，弓拨矢[3]钩，一发不中，前功尽弃。今公破韩魏、杀犀武而北攻赵，公之功甚多，又以秦兵出塞，过两周，践韩而以攻梁，一攻而不得，前功尽灭，公不若称病不出也。"

——战国策·西周策

完全读懂名句

1. 养由基：生卒年不详，春秋时代楚国人，擅长射箭，能射击百步距离的柳叶，百发百中。2. 少焉：一会儿。3. 矢：箭。

（苏厉）对白起说："楚国有一位神射手养由基，可以在一百步以外射中柳叶，而且百发百中。有人对他说：已经百发百中了，却不乘着众人赞佩之时休息，待会儿气力衰倦，弓箭操控不灵活了，只要一发不中，前面的功绩就都报销了。阁下接连击败韩、魏，杀死魏国名将犀武，再往北攻赵，已经建立了太多功劳，如今又率秦兵出关，大军经过东西周，踏过韩国领土攻魏国，只怕一次失利，前功尽弃。阁下何不称病不出呢？"

名句的故事

白起是秦灭六国的第一名将，战功彪炳且心狠手辣。击败韩军斩首二十四万，击败魏军斩首三十万，击败赵军"坑杀降卒四十万"。这样的性格当然不会考虑见好就收，也不会给别人留任何余地。

苏厉劝白起这番话，正是白起所向披靡之时，想当然没起任何作用。后来苏代为赵王向秦国宰相范雎下功夫："赵国眼看就要灭亡，秦王将统一天下，白起功劳第一必定位居三公，而阁下将如何自处？何不劝秦王接受韩、赵割地求和，让士卒休息。"结果秦王采纳了范雎的建议，白起的攻势告一段落。

白起不懂休息再战的道理，但秦王采纳了见好就收的建议，这一休息，成了白起的命运转折点，而且苏厉的"称病不出"一语成谶！

历久弥新说名句

秦军再度向东发动攻击时，白起刚好生病不能领军出征，而秦将王陵一再失利。等到白起病愈，秦王要他上前线，白起说："目前形势不利于秦军，不宜进攻。"秦王说服不了白起，再派范雎去讲，白起托词病情未愈，坚持不出。

秦军换了统帅，前线仍一再失利，白起这时讲风凉话："不听我的话，现在怎么样？"秦王闻言大怒，强令白起出马，白起依然称病不出，秦王最后派人送一把剑给他，命他自尽。白起临死前说："我曾坑杀降卒数十万人，实在该死。"到最后一刻才后悔不给他人留余地。

名句可以这样用

"自古美人如名将，不许人间见白头"，见好不收，一旦光环褪色，前功尽弃。

然而，一发不中固然前功尽弃，半途而废又何尝不是？当年若白起一鼓作气向东进军，而未受范雎牵制，以当时摧枯拉朽之势，秦国有无可能提前统一中国？历史不能重来，谁也不知道！

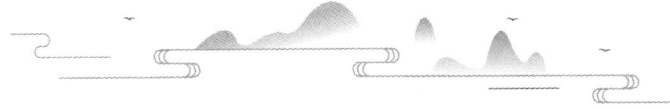

伯乐相马，身价十倍

——请托名人推荐之策

名句的诞生

人有卖骏马者，比三旦[1]立市，人莫之知[2]。往见伯乐曰："臣有骏马，欲卖之，比三旦立于市，人莫与言，愿子还[3]而视之，去而顾[4]之，臣请献一朝之贾[5]。"伯乐乃还而视之，去而顾之，一旦而马价十倍。今臣欲以骏马见于王，莫为臣先后[6]者，足下有意为臣伯乐乎？臣请献白璧一双，黄金千镒，以为马食。

——战国策·燕策

完全读懂名句

1. 比：接近。旦：日。比三旦：一连三天。2. 莫之知：视若无睹。3. 还：同"环"。4. 顾：回头看。5. 贾：同"价"。一朝之贾：一天的酬劳。6. 先后：先容，介绍。

有人想出售骏马，一连三天站在市场，却乏人问津。这人去见伯乐，说："我想卖骏马，却三天没人问价钱。我想请先生走一趟，绕着马看，走了还一再回头。就这样一下，我愿付全天的工资。"于是伯乐照着做了，结果，一天之内，那匹骏马的价格涨了十倍。现在我想要向齐王献上和骏马一样好的良策，可是少一位有影响力的人介绍，先生是否有意做我的伯乐呢？我愿献上一对白璧、千镒黄金，做为您厩中养马的饲料。

名句的故事

苏代（苏秦的弟弟）原本受燕王之托，游说赵国联合攻齐，赵王不答应。苏代就去到齐国，游说齐王，并且央请淳于髡做介绍人，而有前述一番话。淳于髡同意为他介绍，于是苏代见到齐宣王，并且受到重用。

淳于髡长于讽谏，颇得齐宣王信任，但是他实在缺乏识人之明。后来，齐闵王命苏代统帅齐军和燕军打仗，连败二场——因为苏代根本是燕国的奸细，淳于髡成了引狼入室的罪人。

历久弥新说名句

苏代的一贯做法就是央人先容，而他的一贯伎俩就是骗得天花乱坠。

燕昭王曾经对苏代说："寡人最不喜欢浮夸的言语。"苏代对昭王说："处女如果没有媒人，到老都嫁不出去；推销货物如果没有中间人，永远卖不出去。想要坐享成功，就得依靠会吹牛的人。"

闽南谚语有一句："媒人嘴，胡蕊蕊（讲得天花乱坠）。"然而，作为领导人，不能喜欢听浮夸之言，却也不能完全不用这种人才。关键在于用对地方，燕昭王用对了，齐闵王则用错了。

名句可以这样用

现代商业行为常用名人代言，作为广告手法，不也就是"伯乐相马，身价十倍"的道理吗？消费者则应擦亮眼睛看清楚，代言人是不是真的懂这个产品。毕竟，伯乐是相马专家，若伯乐推荐的是化妆品，你还听他的，就只能怪自己了！

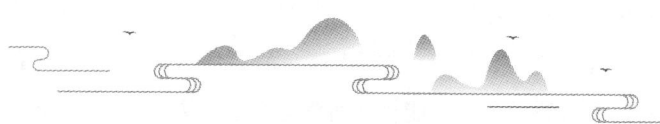

乌非乌，鹊非鹊
——指桑骂槐之策

名句的诞生

史疾[1]曰："请问楚人谓此鸟何？"王曰："谓之鹊[2]。"曰："谓之乌[3]可乎？"曰："不可。"曰："今王之国有柱国[4]、令尹[5]、司马[6]、典令[7]，其任官置吏，必曰廉洁胜任。今盗贼公行，而弗能禁也，此乌不为乌，鹊不为鹊也。"

——战国策·韩策

完全读懂名句

1. 史疾：韩国大夫，奉命出使楚国。2. 鹊：喜鹊。3. 乌：乌鸦。4. 柱国：楚国最高官职，位居宰相之上，相当于"三公"。5. 令尹：宰相中最高位，相当"阁揆"。6. 司马：最高军事首长，兼管缉盗。7. 典令：掌教化之大臣。

史疾（见一只鸟飞到屋上）说："请问大王，楚国人叫这只鸟为什么？"楚考烈王说："我们叫它喜鹊。"史疾问："叫它做乌鸦可以吗？"楚王回答："不可以。"史疾说："大王的国家设置有柱国、令尹、司马、典令等官职，在任命官吏时，必定要求他们廉洁胜任。但是现在楚国有盗贼公然作案，而各级官吏却无法禁止，这就叫做乌鸦不像乌鸦、喜鹊不像喜鹊了。"

名句的故事

楚考烈王接见史疾，问他师承哪一家？史疾说他专攻列子的学说。楚王问："列子学说最讲求什么？"史疾说："列子讲求一个'正'字。"楚王问："楚国治安不好，正字能够防盗贼吗？"史疾就以屋上的喜鹊做了比方，他的意思是，楚国的政府官员没有尽到公务员的职责，柱国、令尹不能严格要求官吏，司马不能缉捕盗贼到案，典令不能教化人民建立社会道德观念。由于官吏不像官吏，那当然就让盗贼得逞了。

史疾是客人，不好明讲主人家是非，所以只能用乌鸦来比喻，算是高明的说法。换个角度推测，官员不好好行政，做不到"廉洁胜任"，那一定是贪污、无能，内政当然败坏。

历久弥新说名句

乌鸦声音聒噪，喜鹊声音悦耳，所以人们视喜鹊啼为吉祥之兆，乌鸦叫为不祥之兆。事实上，祸福自召，不应归咎于"乌鸦嘴"，但是人性如此，诤谏总是不讨好。

唐太宗有位谏臣魏征，经常犯颜直谏。有一天太宗与群臣谈话，封德彝说："三代以后，人心浇薄，先王之道现在实不可行，魏征说的只是书生之见。"魏征反驳："如果说老百姓完全没有道德感的话，那还为什么教育？又如何感化？"

有唐太宗的胸襟，才容得下魏征那张"乌鸦嘴"；有魏征这种刚正谏官，才能戳破封德彝那种"发出喜鹊叫声的坏鸟"。

名句可以这样用

"乌非乌，鹊非鹊"，是吏治堕落导致社会风气不佳，但是，任命官吏的领导人应负最大责任，因为"什么人玩什么鸟"嘛！

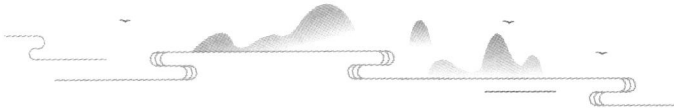

交浅者不可以言深

——迂回进言之策

名句的诞生

服子曰:"公之客独有三罪:望我而笑,是狎[1]也;谈语而不称[2]师,是倍[3]也;交浅而言深,是乱也。"客曰:"不然。夫望人而笑是和也;言而不称师,是庸[4]说也;交浅而言深,是忠也。……使[5]夫交浅者不可以深谈,则天下不传[6],而三公不得也。"

——战国策·赵策

完全读懂名句

1. 狎:轻佻。2. 称:称道。3. 倍:同"背",违背。4. 庸:平常。庸说:正常交谈,不见外。5. 使:设使。6. 传:传位。

服子说:"先生引见的客人犯了三个过失:朝着我发笑,表示他轻佻不庄重;谈话时不称道老师,表示他不念师恩;我们才第一次见面,交情很浅,却直接谈深入的事情,表示他没规矩。"

服子的门客说:"话不能这么说。以笑容见人是亲和的态度,谈话不'言必称老师'是不见外的态度;交浅而言深是诚意的态度。……(述说尧见舜、商汤见伊尹的交浅言深故事。)设使交浅就不可以深谈,那么尧不会传位给舜,商汤也不会礼遇伊尹,请他担任三公。"

名句的故事

冯忌是平原君的宾客,他请见赵王,见了面却拱手、低头,欲言又止。赵王问他要说什么,他却先说了前述服子见客的故事。说完故事,才问赵王:"现在我这个外臣想要交浅言深,可以吗?"赵王于是请他畅所欲言。

冯忌想说的是什么呢?原来他想为赵孝成王的弟弟庐陵君求情,希望不要将庐陵君放逐到外地。赵孝成王基本上是一位肯听谏言的君王,但是冯忌关说的是王室家事,所以必须迂回进言,格外小心,否则恐惹来杀身之祸。

历久弥新说名句

魏文侯向元老李克请教:"先生曾经对我说过:'家贫思良妻,国乱思良相。'如今我想在魏成和翟璜二人当中,择一担任宰相。请问先生对这二位的评价如何?"

李克以"卑不谋尊(李克官位低于宰相),疏不谋戚(魏成是文侯同族)"作为推托之辞。魏文侯一定要他说，李克推不掉，就提出"居视其所亲，富视其所与，达视其所举，穷视其所不为，贫视其所不取"五个条件，魏文侯听懂了他的意思。

李克出宫，遇见翟璜，翟璜向他打听消息，李克说："大概是魏成吧！因为你推荐的人才，国君都任用为臣，而魏成推荐的人才，国君都奉他们为师。"

李克因而没有得罪翟璜。

名句可以这样用

交浅者可不可以言深？底线就是，老板要你言深，才可以言深。设若当初是舜主动去见尧，要尧传位给他，可能吗？

无妄之福，无妄之祸
——警告预防灾祸之策

名句的诞生

春申君相[1]楚二十五年，考烈王病。朱英谓春申君曰："世有无妄[2]之福，又有无妄之祸。今君处无妄之世，以事[3]无妄之主，安[4]不有无妄之人乎？"

——战国策·楚策

完全读懂名句

1. 相：担任宰相。2. 妄：此处同"望"，期望、预料。无妄：意想不到。3. 事：事奉。4. 安：疑问助词，用法同"岂"、"难道"。

春申君担任楚国宰相二十五年后，楚考烈王病重。门客朱英提醒春申君注意："世间之事有意想不到的鸿福，也有意想不到的灾祸。如今阁下正处于一个随时会发生剧变的时刻，因为您事奉的君王病重随时可能驾崩，难道不会出现意想不到的小人（加害）吗？"

名句的故事

赵国人李园将自己的妹妹献给春申君，这位妹妹知道怀孕后，李园又教妹妹向春申君献计："楚王尚无子嗣，若能将臣妾献给君王，一旦生的是儿子，岂不是您的儿子做了楚王？您不但能长保富贵，而且等于拥有整个楚国。"

春申君于是设计将李园的妹妹献给了楚考烈王，不久就生了一个男孩，被立为太子。李园的妹妹母以子贵当了王后，李园也挤进权力核心。

考烈王病重，朱英如前述提醒春申君，暗示李园可能对春申君不利，但春申君不听，朱英为此害怕，就逃跑了。

十七天以后，考烈王驾崩，李园果然在宫门内埋伏刺客，杀了春申君。

历久弥新说名句

这个故事发生的同一年，秦始皇杀了嫪毐，吕不韦被撤销宰相职务，而春申君和吕不韦的故事如出一辙，更可对照来看。

吕不韦将自己已怀孕的妾献给子楚，然后将子楚推荐给安国君为子嗣，最终自己的儿子成了秦始皇，这个故事不再多说。

春申君不及吕不韦之处,在于朱英提醒"防小人"时,没有采纳。这是春申君和吕不韦两人性格上的差异——春申君量大,而吕不韦工于心计。司马迁因而在《史记·春申君列传》最后评论:春申君"当断不断,反受其乱"。

春申君和吕不韦相同之处,则在于位高权重,得国君宠信太久,因此在祸乱已萌兆之时,皆以为不会有事。也就是说,得意太久了,就缺乏危机意识,不提防"无妄之灾"。

名句可以这样用

"无妄之灾"语出《易经》无妄卦:"无妄之灾,或系之牛(以牛为喻),行人之得,邑人之灾(过路之人意外惊喜'捡'到一头牛,却成了乡里某人的无妄之灾)。"

无妄卦的卦辞:"其匪正,有眚。"意思是说,无妄原本无心,但若存心不正,就会发生灾祸。春申君、吕不韦岂不皆因出发点不正,最终招致杀身之祸吗?

食贵于玉，薪贵于桂

——摆高姿态拿跷之策

名句的诞生

楚国之食[1]贵于玉，薪贵于桂，谒者[2]难见如鬼，王难见如天帝。今令臣食玉炊桂，因鬼见帝。

——战国策·楚策

完全读懂名句

1. 食：粮食物价。2. 谒者：通报传达之官，通常是老板亲信。

楚国的粮食物价比玉还贵，薪材价格比桂树还贵，负责通报引见的官员比鬼还难看到，大王更比天帝还难见。如今我（苏秦）在楚国，吃的是一级贵的东西，还要用桂树来炊煮，并且得透过鬼才能见到天帝。（意思是：不赶快回去，还逗留什么？）

名句的故事

苏秦到各国推销合纵,最后一站是楚国,他在各国都受到百般礼遇,却在楚国等了三天才见到楚王。一番说辞打动了楚威王之后,即刻向威王辞行。楚威王问他:"先生不远千里而来教导我,寡人听得很有兴趣,怎么这么快就要走了呢?"苏秦做了前述回答,楚威王说:"请先生回宾馆休息吧,寡人了解先生的意思了。"

楚威王了解了什么?

苏秦身佩另外五国相印,他在楚国只是说客,甚至不是客卿,他发现楚国的问题是物价昂贵(亦即内政有隐忧),而且楚王身边的人猜忌他这个外人(担心苏秦抢他们的位子,亦即近臣排挤贤才)。因而苏秦不好直接指出问题,以免开罪楚国既得利益集团,就借着楚威王正欣赏他之时,故做姿态(拿钽),"点"楚王一下。而威王也称得上明君,一听就懂。

历久弥新说名句

西汉景帝是史上有名的贤君,他曾下诏:"黄金珠玉'饥不可食,寒不可衣',可是人们却花钱购买,这是本末倒置的现象。最近农作物歉收,应该就是从事农业生产(本)的人少,而从事商业(末)的人多的缘故。从今天起,各郡国务必奖励农桑、多种树（以充裕食、衣、燃料），官吏如果轻易征调农民出公差、要农民捐献，或雇人开采黄金珠玉，一律比照窃盗与收赃的罪刑论处。高级官员若不加管束，同罪。"

这是国家领导人重视民生物价的态度，"文景之治"因此能够累积"太仓之粟，陈陈相因"的丰厚国力，成为之后汉武帝开疆拓土的本钱。同时，汉景帝也明白，带动风气光是他一个人在上呼吁不够，得靠高级官员切实执行，所以警告高级官员不得纵容。

汉景帝和楚威王不同之处在于，汉景帝了解民生物价的重要，且能力行；楚威王听懂了苏秦话中寓意，却只能"请先生回舍休息"，显然威王无力管束楚国的贵族和大夫。

名句可以这样用

今天我们用"米玉薪桂"或"米珠薪桂"形容物价贵腾，就是源自苏秦这个故事。然而，内政不修、人民痛苦指数（物价加上失业率）升高，原因常在于用人不当——官员只懂逢迎拍马，不理小民死活。

大美国学 战国策

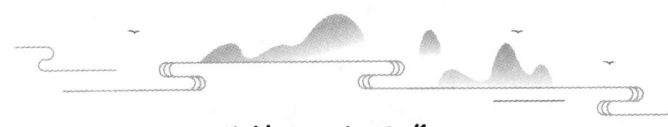

驱群羊而攻猛虎

——削弱对手斗志之策

名句的诞生

夫[1]为从[2]者，无以异于驱群羊而攻猛虎也。夫虎之与羊，不格[3]明矣。今大王不与猛虎而与群羊，窃以为大王之计过[4]矣。

——战国策·楚策

完全读懂名句

1. 夫：语首助词，无义。2. 从：同"纵"，合纵。为从，主张合纵。3. 格：等级。不格，犹如拳击选手不同级数。4. 过：错。

那些主张合纵的人，和驱赶群羊去攻击猛虎没有两样。猛虎对上绵羊，不同级数的形势非常明显。大王不和老虎站在同边，却与羊群站在同边，我认为大王的算计错了。

名句的故事

张仪为秦王推动"连横",目的在离间六国"合纵"盟约,这一段是他晋见楚怀王时的说辞。重点在陈述秦国之强大,而且"天下后服者先亡"——愈晚臣服于秦,愈先被秦灭亡。

当时的国际形势,"三晋"韩魏赵彼此攻伐,国力大不如前,能和秦国抗衡的只有东方的齐国和南方的楚国。齐国和秦国不相接壤,因此张仪的重点在先"稳住"楚国,然后可以放心对韩魏用兵,等收拾了三晋,楚国是下一个目标,之后才是齐国。

用今日的语言,秦国的战略是"联合次要敌人,打击主要敌人",而楚国就成了秦国的"战略伙伴"。而楚怀王先被张仪的言辞打动,与秦国通好,后来自己还被骗去秦国,被扣留至死,注定了亡国命运。

历久弥新说名句

到了战国后期,燕太子丹因为受到秦王政的欺侮,誓言"燕秦不两立",他的太傅鞠武劝他:"秦国已经得到半个天下(其实还没有),韩、魏、赵眼看不保,为什么要因为个人恩怨而'批其逆鳞'呢?"传说中,龙的喉咙附近有一区块的鳞片是反向排列的,称为逆鳞,如果触摸不对方向,龙很痛,就会发怒而噬人。

鞠武的论调就是典型"绵羊思考",同时也可看出,连横战略已经收效、合纵盟约已经瓦解,而秦国并吞六国之势已不可挡——全因为"羊群"苟且偷安的脆弱意志。

名句可以这样用

臣服于老虎是羊的宿命。非洲草原上,弱肉强食的法则不会变,但是斑马群就懂得团结对抗狮子,它们围成一圈,头朝内,一齐翻腾后蹄抵抗狮子来犯。

楚怀王被张仪说动,因为他是"羊",而当时六国之君也都是"羊"。

驱群羊而攻猛虎当然不会成功,只会送死;驱群斑马而攻猛虎也是送死,但是面对猛虎,苟安偷生却只是一时,只有团结一致,有方法、有战略(如斑马),才能保全。

请而不得，有悦色
——察见隐情的功力

名句的诞生

昭奚恤谓客曰："奚恤得事[1]公，公何为以故[2]与奚恤？"客曰："非用故也。"曰："请[3]而不得，有说[4]色，非故如何也？"

——战国策·楚策

完全读懂名句

1. 事：供奉。主人"养"宾客，谦称事奉。2. 故：此处用做"故意说反话"。3. 请：要求，同"申请"之"请"。4. 说：同"悦"。

昭奚恤对宾客说："我昭奚恤有幸事奉先生您，您为什么故意说反话来套我？"宾客说："我没有说反话呀！"昭奚恤说："你的要求（房屋）没得到，反而露出喜色，不是说反话，又是什么？"

名句的故事

昭奚恤是楚宣王朝中权力最大的臣子,军事、司法一把抓。郢都(楚国首都)有一个人涉入官司,三年未获判决,于是他请托昭奚恤的一位宾客,为他刺探官司会赢还是会输。

那位宾客用了旁敲侧击的方法,去向昭奚恤说:"某人的房屋,我想要。(若判有罪,财产没入官府,昭奚恤就有权分配。)"昭奚恤说:"某人的罪名不成立,所以不能给你。"宾客得到了想要的答案,告辞而去。昭奚恤事后愈想愈不对,就有了前述的对话。

历久弥新说名句

本则故事中"策"的部分其实在于那一位宾客"说反话以刺探"之策,但是被精明的昭奚恤识破了。然而,被识破可能反而是福不是祸。

《韩非子》记载一则故事,齐国大夫隰斯弥去拜访当权大夫田成子,田成子和他一同登上高台眺望,田成子家中高台三面视线都很辽阔,只有南面被隰斯弥家中的大树阻挡了视界。田成子什么话也没说,隰斯弥回到家中,派人砍掉那棵树,可是工人才动了几下斧头,隰斯弥又下令停止。

隰斯弥的家臣问:"为什么改变命令呢?"隰斯弥答:"古人

说过，知道深渊之中有鱼，是一件不祥的事情。田成子正想要发动政变，如果我表现出能够察觉他心事，那我可能遭遇不测。不砍树，最多被认为不识相，未必得罪他（因为对方没提出要求），反而，如果我探知他人心事，那可危险了。"

好在是昭奚恤察见了那位宾客的"隐情"，所以宾客没事。至于察见心事的功力，《战国策·赵策》中另有一则故事。

春秋晋国末年，六个大家族割据称雄，其中智氏最强，先后灭了范氏和中行氏，又联合韩、魏攻打赵氏，围攻晋阳三年。韩康子和魏宣子知道，智伯灭了赵国以后，接下来就轮到他们，于是私下与被围的赵襄子取得连络，约好里外夹攻智伯。

智氏家臣智过对智伯说："我先前见到赵氏的使者张孟谈，他的神情趾高气扬，不似被围困三年的衰象；方才又见韩魏二家的族主，他俩神色有异，恐怕会背叛您。"智伯不听智过的话，结果被韩、赵、魏三家联合击败，身死。

现象反常通常都有隐情，如何察见就看每个人的功力了。无论如何，觉得"不对劲"，多想一想总是没错的。

以财交者，财尽而交绝

——加买保险之策

名句的诞生

以财交者，财尽而交绝；以色交者，华落而爱渝[1]。是以嬖[2]女不敝席[3]，宠臣不敝轩[4]。今君擅[5]楚国之势，而无以深自结于王，窃[6]为君危之。

——战国策·楚策

完全读懂名句

1. 渝：消逝。2. 嬖：受宠（之妾婢）。3. 席：床上的垫席。4. 轩：车。5. 擅：独得。用法如"专擅"之"擅"。6. 窃：私下、暗中。

（江乙对安陵君说）以金钱结交者，一旦钱花光了，交情就断绝了；以美色结交者，一旦繁华落尽，爱情就逝去了。此所以宠妾等不到卧席睡坏（即失宠），宠臣等不到车子坐坏（即无复同车)。如今阁下虽得到楚王专宠，但若不能更加深植楚王对你的感情（亦即美色不足以维持长久，必须额外添加），我私下为你感到担忧。

名句的故事

安陵君是个美男子，受楚宣王宠爱。江乙是楚国一位长于计谋的大臣，江乙对安陵君的实质建议是："向楚王表达，愿意将来为楚王殉葬。"安陵君当时受教，但三年未付诸行动，江乙再对安陵君说："阁下既然不采纳，那我以后就不敢再进言了。"安陵君回答："我没有忘记先生的话，只因为未得适当机会而已。"

终于，有一次楚宣王到云梦狩猎，场面盛大，成果丰硕，宣王龙心大悦，对同车的安陵君说："今天真是太高兴了。寡人千秋万岁之后（死后），你又能和谁共此乐呢？"安陵君这下终于逮到机会，当场流着眼泪说："大王万岁千秋之后，愿意一同殉葬，为大王垫黄泉，挡蝼蚁，那可比游猎更快乐啊！"楚王闻言大乐，将"坛"地封给安陵君当食邑。

有了食邑，即使失宠也有了依附之地。而江乙，既有楚王的信任，又有了安陵君的感谢，也多了一分"保险"。

历久弥新说名句

《史记·吕不韦列传》提到，吕不韦游说华阳夫人时说："以色事人者，色衰而爱弛。"于是华阳夫人促成安国君立子楚为嗣子，后来安国君成为秦孝文王，子楚成为秦庄襄王，子楚的儿子就是秦始皇。华阳夫人的地位因养子当了国王而得到保障，吕不韦则得到三任秦王的宠信而权倾一时。

由于司马迁的《史记》影响力盖过《战国策》，于是"以色事人者，色衰而爱弛"一句流传后世，常与"以财交者，财尽而交绝"并用，"以色交者，华落而爱渝"就不常被引用了。

名句可以这样用

陆游诗："床头金尽酒樽空，枥马相看泪如洗。"陆游是爱国诗人，这首诗并非纨袴子弟的嗟叹，但是正道出"财尽而交绝"的凄凉伤感。反过来看，狎客嗟叹财尽交绝之时，又何尝体会伎人"华落而爱渝"的危机意识呢？

恶小耻者不能立荣名

——说服"光荣撤军"之策

名句的诞生

效¹小节者不能行大威,恶小耻者不能立荣名。昔管仲射桓公中钩,篡也;遣公子纠而不能死,怯也;束缚桎梏²,辱身也;此三行者,乡里不通³也,世主不臣也。使管仲终穷抑,幽囚而不出,惭耻而不见,穷年没寿,不免为辱人贱行矣!

——战国策·齐策

完全读懂名句

1. 效:效法,摹仿。2. 桎梏:指脚镣手铐,古代刑具,在脚的称桎,在手的称梏,主要用来拘系犯人。3. 不通:不共,不相通,不往来。

注重小节的人不能让威名行于天下,介意小耻辱的人无法建立崇高的声誉。以前管仲暗杀齐桓公射中带钩,是叛乱;离开公子纠而不为他殉死,是怯懦;被脚镣手铐绑缚,是奇耻大辱。(凡人)做出这三种行为,家乡父老不跟他往来,人主不肯用他为臣。(所以凡人通常不愿为。)

假若管仲(和凡人一样)不能解开心结,自我闭塞不再做官,怕羞耻而不去见齐桓公,那么,他将一辈子受屈辱(囚犯)、做低贱的事情。

名句的故事

这段文字出自《鲁仲连遗燕将书》。

田单"双城复齐"过程中,燕国一位将军死守聊城,田单围攻一年多,始终攻不下来。于是那位最擅长排难解纷的鲁仲连"上场",他写了一封信,绑在箭上,射入城中。

鲁仲连开宗明义劝那位燕将,逞一时意气,却不顾燕王损失一员大将,非忠;最终身死城亡,非勇;功劳和名声都不能流传后世,非智。

接着鲁仲连给燕将戴高帽子,说他以残兵败卒抵挡整个齐军一年有余,守城的功力可以比拟墨翟(就是墨子,战国时最会守城的人);城内兵尽粮绝,但士卒毫无反叛之心,治军的功力可以比拟孙膑、吴起。这些已经足以傲世了。

然后他举管仲和曹沫的例子,劝燕将忍一时之气,成终身之名。燕将被他说服,将军队撤出齐国。鲁仲连一封信,救了多少人的生命啊!

历久弥新说名句

鲁仲连信中提到曹沫的故事。

曹沫是司马迁《史记·刺客列传》中第一位。他以勇力闻名于鲁国，鲁庄公用他为将，与齐国交战，三战三败，鲁国割地求和，但庄公仍然让曹沫继续担任将领。

在齐、鲁二国签订和约的会议上，曹沫拔出匕首威胁齐桓公，要求归还侵略的土地，齐桓公迫于眼前情势，口头答应。等到曹沫回到位置，齐桓公很生气，想要反悔，结果因为管仲的劝谏，仍然归还得自鲁国的土地（曹沫打败仗的失地）。曹沫忍辱而得到将功折罪的机会。

名句可以这样用

孔子有"君子疾没世而名不称"，司马迁认为"死有重于泰山，或轻于鸿毛"，都是"恶小耻者不能成荣名"的表现。重点在心怀大志，为实现理想而忍一时之气，否则就成了苟且偷生的借口矣！

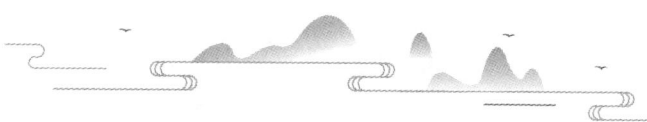

苟无民，何以有君？

——劈头抢白之策

名句的诞生

齐王使使者问[1]赵威后，书未发，威后先问使者曰："岁亦无恙耶？民亦无恙耶？王亦无恙耶？"使者不说[2]，曰："臣奉使使威后，今不问王，而先问岁与民，岂先贱而后尊贵乎？"威后曰："不然。苟无岁，何以有民？苟无民，何以有君？故有问舍本而问末者耶？"

——战国策·齐策

完全读懂名句

1. 问：问候，请安。2. 说：同悦。

齐王派使者向赵国孝威太后请安，没等使者打开国书，威后先问使者："今年收成好吗？人民都好吗？君王身体好吗？"使者神情不悦地说："我奉君王之命而来问候太后，太后却不先问候君王，而先问岁收和人民，难道是先卑贱而后尊贵吗？"威后说："你这话不对。假如收成不好，哪有人民？若没有人民，哪有君王？我怎么可以舍本逐末呢？"

名句的故事

在此前一年，赵惠王去世，孝成王继位，由孝威太后垂帘听政。秦国趁机发兵攻打赵国，赵国向齐国求援，齐国要求送长安君（威后最疼爱的幼子）去当人质，威后迫不得已答应。

这一年，齐襄王死，齐王建即位，派出使者向赵威后示好，威后因为去年的事情仍耿耿于怀，所以不等使者讲好话，劈头就是一番抢白。

在前述对话之后，威后再以语言进逼："齐国有两位体恤人民大众的处士（民间有德之士），为何仍不任命他们出来做官？于陵（地名）子仲（齐大夫）这家伙还在吗？这个人对上不尽人臣之道，对下不照顾家庭，又没有能力与诸侯和睦，这种无用之人为何还不杀掉？"

以此推测，子仲很可能就是当初献策要赵国派长安君为人质的人。赵威后这一招，虽然成功地发泄了她个人的怨气，但是，五年后，秦兵再攻赵，齐王不借粮、也不出兵，秦军歼灭赵军40万（长平之役），赵国自此一蹶不振。

历久弥新说名句

《战国策》重在"策",几乎都谈的是"诡道",本则是难得一见的"民本思想"。

《孟子·尽心下》中有:"民为贵,社稷次之,君为轻。"是古代民本思想的代表。然而,孟子接下去说:"得民心而为天子,得天子之心而为诸侯,得诸侯之心而为大夫。"这和今日民主思想仍有极大差距——公务员应以民意为上,若仍"仰体上意",人民仍然没有出头天。

名句可以这样用

对照赵威后和孟子的说法,威后多了一项"苟无岁,何以有民",多了一重"民生至上"的理念——搞好经济,才能得民心;得民心才能巩固政权。

筚路蓝缕，以启山林
——顺意曲折之谏

名句的诞生

王[1]曰："今吾使人于周，求鼎以为分[2]，王其与我乎？"对曰："与君王哉！昔我先君熊绎[3]，辟在荆山，筚路蓝缕[4]，以处草莽，跋涉山林，以事天子。唯是桃弧棘矢[5]，以共御王事[6]。齐，王舅也；晋及鲁卫，王母弟也。楚是以无分，而彼皆有。今周与四国服事君王，将唯命是从，岂其爱[7]鼎？"

——左传·昭公十二年（郑丹以诗谏）

完全读懂名句

1. 王：楚灵王。2. 分：用法同庙宇"分香"之分。向周王求鼎以为镇国之器。3. 熊绎：楚国的始祖。4. 筚：柴。蓝：破敝。筚路蓝缕：以柴为车，身穿破衣。5. 桃弧棘矢：以桃木为弓，以荆棘为箭。6. 事：战事。7. 爱：惜。

楚灵王问："我现在派使节去向周天子请求分鼎到楚国，周天子会不会给我？"

楚大夫郑丹回答："一定会给的。从前我们楚国的始祖熊绎，乘着柴车、穿着破衣，在草莽、山林中跋涉开路，为周天子服务；以桃木为弓、以荆棘为箭，共同为周天子打拼。可是因为周成王的母亲是姜太公的女儿，齐侯是王舅，而晋、鲁、卫三国始祖是成王的弟弟，所以他们都有分鼎，而楚国没有。如今大王威镇诸侯，周天子和那四国都服事大王，当然唯命是从，哪敢爱惜鼎呢？"

名句的故事

楚灵王妄自尊大，以为可以问鼎中原了，其实他的实力比起五霸时期的楚庄王差得很多，因此只敢要求"分鼎"，而不敢要求九鼎。（请参阅"鸟集乌飞，兔兴马逝"一章）

由于楚灵王的作风"闻过则怒"，所以郑丹先顺着他的话讲，之后才迂回进谏。（"末大必折，尾大不掉"一章，申无宇也是如此。）

郑丹随后用讽刺周穆王欲征战而招民怨的诗句，"祈招之愔愔，式昭德音。思我王度，式如玉，式如金。形民之力，而无醉饱之心"，点醒楚灵王。楚灵王当时有所感悟，向郑丹长揖而入宫，但却一连几天吃不好、睡不好，最终不能接受进谏，落得政变失位后自杀的下场。

历久弥新说名句

周成王时,熊绎和伯禽(周公之子,封鲁公)、牟(卫侯)、燮(晋侯)、吕伋(齐侯)一同为重臣,但前三人都是姬姓王室,后者是外戚,所以都封公、侯,熊绎却只封子爵,且位处南蛮之地。所以,郑丹为楚灵王发出不平之鸣。(后面话才好说。)

连雅堂《台湾通史序》中写道:"夫台湾固海上之荒岛尔,筚路蓝缕,以启山林,至于今是赖。"连雅堂心怀台湾被割让之痛,写开辟之艰辛,而引用这个典故,显然也有对清廷的怨气在其中。

风马牛不相及

——理不直气也壮之策

名句的诞生

齐师以诸侯之师侵[1]蔡,蔡溃,遂伐[2]楚。楚子[3]使与师言曰:"君处北海,寡人处南海,唯是风马牛[4]不相及也。不虞[5]君之涉吾地也,何故?"

——左传·僖公四年(楚使对齐师)

完全读懂名句

1. 侵:没有周王发给的钟鼓而擅自发动战争,称为"侵",亦即侵略行为。孔子作《春秋》注重一字之褒贬,此即一例。2. 伐:有钟鼓而发动战争,称为"伐"。但后来周王室衰微,诸侯之间相攻,虽未得周王同意,也称"伐"。3. 楚子:楚是子爵之国,当时国君是楚成王,但《春秋》仍称楚子。4. 风:牝牡相诱。风马牛:两国相距甚远,如同牛马不会相诱。以牲畜为喻,有讽刺之意。5. 不虞：不料。

齐桓公率领诸侯联军侵略蔡国，蔡国崩溃，于是顺势攻打楚国。楚成王的使节诘问联军："齐国地处北方海滨，楚国地处南方，两国相距甚远，好比公牛和母马不相吸引，却想不到你们会进入我的国境，是何道理？"

名句的故事

齐桓公当上诸侯盟主，蔡缪侯将妹妹嫁给齐桓公。可是这位蔡国公主有一次和齐桓公一同泛舟时，故意摇晃船只，齐桓公叫不听，一怒之下将她休了。蔡侯为之不高兴，就将妹妹改嫁，齐桓公感觉没面子，于是攻打蔡国。

蔡国的后台是楚国，楚国一向不甩齐桓公，甚至经常侵犯齐国的盟邦郑国（郑与齐攻守同盟，参考"人各有偶，齐大非偶"一章），于是齐桓公挟战胜余威攻打楚国。

当时齐国气势正盛，楚王不想轻缨其锋，于是派出使节，据理诘问。

齐国宰相管仲回答楚使："当年周王的执政召康公授权我们齐国祖先姜太公（吕望），可以视情况讨伐东方不服的诸侯。你们楚国已经好久没进贡包茅（祭祀用的一种草），使得天子祭典不完美，我就是来追究这事情的。"

历久弥新说名句

事实上，齐国军队已经超越了当年召康公的授权范围（山东、河南一带），但是管仲"理不直却气很壮"。

但楚国虽不求战，却亦不畏战，因此前述使者敢于语出讥诮，后来更摆出"大不了打一仗"的姿态，齐楚之后并未开战，而是签下和约，各自退兵。

名句可以这样用

面对无端挑衅，我们常用语是"井水不犯河水"，意思一样，但"风马牛不相及"有讽刺意味。至于有见过"风马牛不相干"的写法，那就是错误用法了。

伯乐之知己

——捧人兼捧己之策

名句的诞生

夫骥[1]之齿[2]至矣,服[3]盐车而上太行。蹄申[4]膝折,尾湛[5]胕[6]溃,漉汁[7]洒地,白汗交流,中阪[8]迁延[9],负辕[10]不能上。伯乐遭[11]之,下车攀[12]而哭之,解纻[13]衣以幂[14]之。骥于是俛[15]而喷[16],仰而鸣,声达于天,若出金石[17]者,何也?彼见伯乐之知己也。

——战国策·楚策

完全读懂名句

1. 骥:良马。2. 齿:马的牙齿随年龄而长,所以年龄又称年齿、马齿。齿至:年纪够大,可以拉车了。3. 服:拉车。4. 申:伸直。5. 湛:汗水沾湿。6. 胕:小腿。7. 漉汁:盐车渗出的汁液。8. 阪:山坡。中阪:半山腰。9. 迁延:停滞不前。10. 辕:拉马车之直木。11. 遭:遇。12. 攀:抱。13. 纻:细麻布。14. 幂：盖上。15. 俛：低头。16. 喷：喷气。17. 金石：打击乐器的通称。

良马到了可以拉车的年龄，拉着盐车上太行山。蹄子伸展到极限，膝盖折伤，马尾巴全湿，小腿肉因磨擦而溃疡，盐车上渗出的水洒了满地，白色的盐水与马的汗水在地上交流，马车在半山腰停滞不前，良马硬拉着车辕却上不去。伯乐看见它这副惨相，下车抱着它痛哭（良马居然沦落到拉盐车），脱下身上的麻纱衣裳，盖在它身上。良马于是低头喷气、仰头高鸣，马嘶声上达天空，发出金石乐器般的声音。它为什么高鸣？因为有感于伯乐是它的知己啊！

名句的故事

游说之客汗明投靠春申君，苦等三个月才得进见，相谈甚欢，汗明还想再谈，可是春申君却说："在下已经认识先生了，请先生休息吧！"

汗明就对春申君讲了伯乐与骥拉盐车的寓言，并且以尧赏识舜来捧春申君，春申君于是回捧汗明是舜。将汗明登入宾客名单，每五天向他请教一次。

历久弥新说名句

韩愈的名句："世有伯乐，然后有千里马。千里马常有，而伯乐不常有。"他那篇文章就是以这个故事做引申——天下的千里马其实很多，但是识马的伯乐很少，以至于千里马往往被拿去拖盐车，不能发挥它奔驰的能力。而天下的人才很多，却往往因为没有人"识才"，而糟蹋了人才。

《吕氏春秋》有一句："得十良马，不如得一伯乐；得十良剑，不若得欧冶。"有了伯乐，良马将尽入厩中，何止十匹？欧冶子是春秋铸剑大师，有了欧冶子，好剑当然可以源源不绝。

刘邦得天下后，下诏群臣排序十八位开国之勋的爵位。很多人认为，平阳侯曹参身上有七十多处创伤，功劳第一。只有鄂千秋独排众议，认为萧何安定后方，并且供输前方军粮从不匮乏，才应该排第一。于是刘邦决定，萧何排第一，并且赞许鄂千秋"进贤受上赏"，封他为安平侯。

萧何、曹参就是后来"萧规曹随"那二位宰相，以他俩的性格，第一或第二都不会争，而刘邦此举寓意极深，就是希望其他人效法鄂千秋"进贤"，这样可以带起推荐人才的风气，等于满朝都是"伯乐"，哪还担心政府没有"良骥"？

名句可以这样用

良骥因伯乐知己而声闻于天，人才因知己而愿效死（士为知己者死），知遇之恩的边际效益是难以量化的。

反过来说，人才被糟蹋是一个政府、企业最大的损失，更甭说那些"指鹿为马"、陷害贤良的"马鹿野郎"了。